Danke Gertrud

oder

das Schicksal einer stolzen vertriebenen
oberschlesischen Bauerstochter

Verlag: tredition GmbH, Hamburg

ISBN

978-3-7439-1817-7 (Paperback)
978-3-7439-1818-4 (Hardcover)

978-3-7439-1819-1 (e-Book)

Printed in Germany

Dieses Buch habe ich geschrieben:

Für meine Frau, für unsere Familie

und für alle, denen Gertrud wichtig war

Michel

Bonn, April 2017

Über den Autor Michel, Michel

Jahrgang 1949, Studium zum Wirtschaftsingenieur, Studium der Volkswirtschaft, Soziologie, Politikwissenschaft, Philosophie und Ethik, arbeitete jahrelang bei einer internationalen und einer europäischen Organisation sowie in mehreren internationalen Beratungsunternehmen. Autor von mehreren Werken, u.a. "Abenteuer Deutschland" und "Ich denke oft…. an die Rue du Docteur Gustave Rioblanc" "Deutsche Identität - quo Vadis?" und verschiedene Beiträge in Fachzeitschriften

INHALT

1. VORWORT

Meine Schwiegermutter ist im Dezember 2016 verstorben. Ich habe sie über 44 Jahre lang gekannt - oder geglaubt zu kennen. Sie war eine sogenannte „einfache Frau". Dies glaube ich jedoch nicht. Angesichts ihres bewegten Lebens versuche ich, ihr mit diesen Zeilen so gerecht wie möglich zu werden. In der Familie wurden sehr viele Erlebnisse erzählt. Diese mögen wahr sein. Dieses Buch hat jedoch nicht den Anspruch, die objektive und umfassende Wahrheit über das Leben von Gertrud widerzuspiegeln, sondern meine subjektive Wahrnehmung widerzugeben. Allen Lesern, die möglicherweise diese subjektiven Darstellungen kritisieren, möchte ich entgegenhalten, dass lediglich meine Erlebnisse mit ihr widergegeben werden sollen.

Dieses Buch wäre nicht zu Stande gekommen ohne die wertvolle Hilfe meiner Ehefrau Marlene und von Frau Hangebrauck.

Ich habe dieses Buch aus der Erinnerung geschrieben, da ich in dieser Zeit keine Notizen angefertigt habe. Mögliche Kritik an lebenden Personen habe ich nicht persönlich geäußert, sondern immer nur aus der Sache heraus. Sollte sich jemand in seiner Ehre und Würde verletzt fühlen, so bitte ich um Nachsicht.

2. MEINE ERSTE BEGEGNUNG

Meine erste Begegnung mit meiner Schwiegermutter fand im Juli 1973 statt. Ich kannte damals meine damalige Freundin und jetzige Frau gerade mal acht Wochen. Ich musste für die Begegnung zu einer kleinen Siedlung von Aussiedlern im Bergischen Land fahren. Als ich ankam, bot sich mir ein Bild von einer typischen Siedlung mit kleinen, gepflegten Vorgärten sowie „Standardhäusern", die der damaligen Zeit gerecht wurden. Ich klingelte an der Tür. Meine damalige Freundin, jetzige Frau, öffnete mir die Tür und dann stand auf einmal eine Dame in den späten Vierzigern vor mir. Auf den ersten Blick schien sie mir etwas stämmig und in ihrem Gesicht leuchteten rosarote Bäckchen. Sie war freundlich und bot mir an, einzutreten. Sie führte mich nicht in das Wohnzimmer, sondern in die Küche. In der Küche war der Tisch gedeckt, ein Stücken Streuselkuchen „Schlesischer Art" und Kaffeetassen sowie eine „Zuckerdose" standen darauf. Was ich zu der Zeit noch nicht wusste, war, dass meine Frau Kind von Vertriebenen aus Schlesien ist, zwar geboren in Deutschland, aber stark mit der schlesischen Herkunft verwurzelt. Meine Schwiegermutter bot mir an, Platz zu nehmen und versuchte mich mit ihren Blicken zu durchbohren. Durch ihre Gesichtsausdrücke konnte man erkennen, welche Fragestellungen zu meiner Person sich in ihrem Kopf verbargen: Wer ist dieser Kerl? Woher kommt er? Wieso verliebt sich meine Tochter in einen Nachkommen des „Erbfeinds"? Was für eine Familie hat er? Meint er es gut mit meiner Tochter? Ist er ihr ebenbürtig? All diese Fragen standen ihr ins Gesicht geschrieben, dabei war sie im Gespräch freundlich im Ton und stellte mir keinerlei unangenehme Fragen. Ich habe mich ihr dann vorgestellt und merkte im Laufe der Diskussion, dass die Spannungen zwischen uns sich langsam lösten. Sie bat mir Kuchen und Kaffee, woraufhin ich drei Löffel aus der „Zuckerdose" nahm, um sie in meinen Kaffee zu geben. Zu meinem Erstaunen war in der Zuckerdose jedoch kein Zucker, sondern Salz. Somit habe ich versalzenen Kaffee getrunken, aber keine Miene dabei verzogen und auf die Bitte hin, nochmal Kaffee zu trinken, habe ich dankend abgelehnt.

Während dieser ersten Begegnung wurde ich einer genauen Überprüfung unterzogen. Ich habe dabei aber sehr wenig preisgegeben. Ich erfuhr gleichzeitig von ihr, dass sie starke Kritik an dem damaligen Kanzler Brandt übte: an seiner Ostpolitik, die in ihren Augen einen Verrat darstellte, insbesondere an dem schlesischen Volksteil. Während dieser ersten Begegnung habe ich diese Frau als eine gutmütige „Bäuerin" wahrgenommen, die irgendwie nicht in ihrem passenden Umfeld war. Es erschein mir, als empfände sie ihre Umgebung wie nach einer Entwurzelung und als wäre sie dadurch unglücklich über ihre eigene Situation. Während dieser ersten Begegnung habe ich auch ihren Mann und meinen Schwiegervater kennengelernt. Mir schien, dass sie immer noch irgendwie in ihren Mann verliebt war, aber auch eine Art von Stolz hatte, Tochter von reichen Bauern zu sein. Was mich auch beeindruckte war die zarte Haut, die in ihrem

Gesicht und ihrem Hals hervorstach. Ihre Fragestellungen mir gegenüber schienen durchdacht zu sein und sie vermittelte den Eindruck, dass sie wohl wusste, was sie tat, auch wenn dies ihrem Mann nicht immer gefiel.

Sie zeigte mir während dieses Besuchs ihren Garten, der hinter dem Haus lag, der mit Gemüse und Obst bepflanzt war und war darauf unwahrscheinlich stolz. Danach zeigte sie mir den Hühnerstall und lobte die Qualität der Eier in den höchsten Tönen. In diesem Umfeld war sie auf eine besondere Art und Weise glücklich, als ob sie hierdurch einen bösen Traum in ihrem Innern verdrängen würde.

Als ich mich von ihr verabschiedete, hatte sie einen regelrecht „festen" Händedruck und blickte mir direkt in die Augen, um sicher zu gehen, dass ich ihre Tochter nicht unglücklich machen würde.

3. DER FREUND IHRER TOCHTER

Meine Schwiegermutter hatte vier Töchter und meine Frau war die zweitgeborene Tochter.

Ihre älteste Tochter, die zwar noch im Haus wohnte, aber bereits beruflich bei einem bekannten Kreditinstitut tätig war, hatte sich vor kurzem in einen ihrer Kollegen verliebt und sich fest an ihn gebunden. Der Freund der ältesten Tochter war jedoch ein Kölner und die Familie konnte sehr schnell einschätzen, wie die soziale Herkunft seiner Familie aussah. Weiterhin spielte die älteste Tochter die Rolle der „Anstandsdame" bei ihren jüngeren Schwestern. Das Verhältnis zwischen der ältesten Schwester und meiner Frau war nicht frei von Konflikten. Auch deswegen wurde die ältere Schwester beauftragt, mich schon im Juni 1973, bei einem Zusammenkommen im Studentenwohnheim meiner Frau, genau unter die Lupe zu nehmen. Hierbei sollte sie erkunden, was ich wohl für eine Art Mensch sei. Es war daher am Anfang für mich äußert schwierig, gegen die Vorurteile hinsichtlich meiner Herkunft anzukämpfen. Ich war aufgrund meiner Ausbildung in Frankreich über geschichtliche Zusammenhänge hinsichtlich der Weimarer Republik, des zweiten Weltkriegs und der Vertreibung der Deutschen relativ gut im Bilde. Daher war ich relativ kritisch gegenüber der Denkweise und Vorurteile mancher „Vertriebenen" eingestellt, die sich stets nach einer „revanchistischen" Politik sehnten und damit die Rückkehr in die „richtige Heimat" bezwecken wollten. Da ich zu diesem Zeitpunkt in meiner politischen Ansicht relativ

„links" orientiert war (ich habe ja Willy Brandt Wahlplakate geklebt), war es für mich schwierig, mit dieser politischen „Rechtsorientiertheit" und solch einem Grundgedanken in der Familie meiner Frau zurechtzukommen. Ich war außerdem von Hause aus kritisch gegenüber Banken und deren Machenschaften eingestellt. Somit habe ich bei meiner ersten Begegnung möglicherweise die ältere Schwester vor den Kopf gestoßen. Vor den Kopf gestoßen insoweit, als dass ich ihren damaligen Arbeitgeber und ihren Freund in ihren Augen schlechtgemacht habe. Gleichzeitig war zwischen meiner Frau und ihrer älteren Schwester schon vor meiner Zeit stets ein Konkurrenzkampf gewesen. Dieser Konkurrenzkampf hat sich in den ersten Jahren unserer Beziehung stark zugespitzt.

Vorurteile hinsichtlich meiner Person wurden schließlich zu Behauptungen, dass man mich nicht kennen würde, und die ältere Schwester wurde beauftragt, Informationen über mich herauszufinden. Dies ging so weit, dass sie in meiner Geburtsstadt in Frankreich Erkundigungen über mich einholte. Einwohner, die mich und meine Familie kannten, haben mich frühzeitig gewarnt, da sowohl meine „Schwägerin" als auch ihr Mann der französischen Sprache nicht mächtig waren. Das gesamte Viertel hat mich insoweit geschützt, als dass sie jegliche Fragen über mich abgeblockt haben. Ich war daher in den Augen meines zukünftigen Schwiegervaters ein „Halunke" und ein „Filou".

Meine Frau hatte auch zwei jüngere Schwestern, mit denen ich unwahrscheinlich gut zurechtkam. Es gab damals in der Familie hinsichtlich der Gunst meines Schwiegervaters eine

Hierarchie. Am liebsten war ihm der Freund der ältesten Tochter, von dem er hinsichtlich der handwerklichen Fähigkeiten jedoch nichts hielt. Ich hingegen war in den Augen des Großteils der Familie irgendwie immer noch ein Nachkomme des „Erbfeinds". Meine Schwiegermutter dagegen war mir gegenüber viel menschlicher und angenehmer eingestellt. Da meine Frau die einzige Tochter der Familie war, die damals aufs Gymnasium ging und studieren durfte, war sie aus irgendeinem Grund Ziel der Angriffe der ältesten Schwester. Obwohl meine Schwiegermutter nicht oft ihren Stolz über diese Tatsache zeigte, war sie meiner Meinung nach innerlich trotzdem unheimlich stolz, dass ihre Tochter, trotz des „sozialen Status" der Familie, auf dem Gymnasium und auf der Uni gut ankam und dass sie sogar während ihrer Schulzeit und im Studium arbeitete, um selbst etwas zu verdienen.

Während dieser Zeit habe ich mich stets bemüht, die Familie nicht wissen zu lassen, dass auch ich darunter litt, dass meine Familie die Entscheidung missbilligte, mit einer Deutschen zusammen zu sein. Für meine Familie mütterlicherseits hatte ich die größte Sünde begangen, als ich mich, nach einem abgeschlossenen Studium an den elitären Hochschule Frankreichs und einem vom Großvater mütterlicherseits diktierten Werdegang, mich im Ausland und insbesondere in Deutschland niedergelassen habe. Ich saß also damals zwischen zwei Stühlen, was sich jedoch eher so anfühlte, als wäre ich zwischen zwei Feuern gefangen, ohne sichtbaren Ausweg. Ich habe zu keiner Zeit weder meiner Frau noch ihrer

Familie in irgendeiner Form gesagt oder signalisiert, dass sie auch in meiner Familie nicht willkommen wäre.

Angesichts der Tatsache, dass mein erster Beruf in einem internationalen Finanzierungsinstitut mich nach Afrika verschlagen hat, was mit manchmal auch sehr kurzfristigen Reisen verbunden war, erschien ich bei der Familie meiner Ehefrau noch suspekter, als schon ohnehin durch meine Herkunft der Fall war. Während meiner häufigen Abwesenheiten damals, insbesondere am Wochenende, ist meine Frau von ihrem Studium in Köln oft nach Hause ins Bergische Land gefahren. Die einzigen Personen, die während dieser Zeit relativ freundlich zu mir waren, waren meine Schwiegermutter und die beiden jüngeren Geschwister meiner Frau. Selbst dann, als ich aus Afrika zurückgekommen war und ein mittelständisches Unternehmen gekauft hatte, war das Misstrauen immer noch vorhanden. Es nahm jedoch, in meinem Empfinden, stetig ab. Während dieser Zeit hatte die dritte Schwester einen jungen Mann aus dem Bergischen Land kennengelernt, dessen Herkunft auch als „vertrieben" anzusehen ist. Als KFZ-Mechaniker war er in den Augen meines Schwiegervaters eigentlich relativ gut geeignet, aber auch er wurde letztendlich von ihm abgelehnt, denn er war ja eigentlich doch nicht gut genug für seine Tochter. Trotz alledem stand ich in der Gunst meines Schwiegervaters weiterhin an letzter Stelle. Meine finanzielle Lage hatte sich damals sehr stark verbessert, sodass ich mit einem relativ teuren Auto vor dem Haus vorfuhr. Somit wurde durch mich indirekt der Stolz innerhalb der Siedlung für die Familie gesteigert.

Während dieser gesamten Zeit habe ich zu keinem Zeitpunkt gewagt, nach einem Glas Wasser zu fragen, wenn es mir nicht direkt vorher angeboten worden war. Während dieser Zeit hat mich vor allem meine Schwiegermutter stets bemuttert, ob ich wollte oder nicht.

Nach zehn Jahren fester Beziehung habe ich um die Hand meiner Frau angehalten und ihre Eltern um Erlaubnis gebeten. Dies wurde mir prompt verweigert. Daraufhin habe ich angekündigt, dass wir an einem bestimmten Tag heiraten werden und nannte der Familie den festen Termin. Dies hat mir jedoch von der ganzen Familie nicht einer geglaubt und somit wurden meine Frau und ich an unserem Hochzeitstag nicht von einem einzigen Familienmitglied besucht. Nach der Hochzeit entspannte sich allerdings die Lage, auch wenn ein gewisser Rassismus immer noch vorhanden war.

Ich werde nie vergessen, dass jedes Mal, wenn ich dort war, ich stets mit Mohnkuchen oder „Streuselkuchen" versorgt wurde. Wenn ich mittags oder abends kam, wurde ich selbstverständlich stets mit allen Ehren bewirtet und versorgt. Obwohl ich vom ersten Tag an meiner Schwiegermutter erzählte, dass ich aufgrund meiner Milchallergie weder Butter noch Milch noch Käse zu mir nehmen durfte, hat sie immer versucht mir ein Butterbrot mit „richtiger" Butter zu schmieren und nie verstanden, dass ich weder Sahne auf

Kuchen oder im Kaffee, noch ihre Sahnesoße essen konnte. Dieses Verhalten hat sie bis zum Schluss niemals abgelegt.

Ich bin ihr trotzdem sehr dankbar für das relativ freundliche Verhalten gegenüber meiner Person in dieser Zeit. Dies war keine Selbstverständlichkeit, angesichts der noch herrschenden Ressentiments in der Bevölkerung gegenüber den Franzosen. In Anbetracht dessen wurde ich während dieser Zeit von meiner Schwiegermutter sehr fair behandelt.

4. WER SIND DIE OBERSCHLESIER?

Als ich erfahren habe, dass ich es mit einer oberschlesischen Familie zu tun habe, habe ich beschlossen, mich über ihre Herkunft zu informieren. Von zu Hause kannte ich einige historische Merkmale, die die Geschichte Schlesiens und Oberschlesiens geprägt haben. Dann habe ich mich dazu entschlossen, mir eine gründliche Übersicht zu beschaffen.

Meinen Recherchen nach stellt das heute polnische Oberschlesien den südöstlichen Teil der historischen Region Schlesien dar. Es gehört heute zum größten Teil Polen. Der bis 1918zu Österreich gehörende Westteil gehört heute zu Tschechien. Als historische Hauptstadt Oberschlesiens ist die Stadt Oppeln genannt. Der östliche Teil Oberschlesiens erstreckt sich bis in das oberschlesische Industriegebiet mit dem Zentrum Kattowitz.

Zur geschichtlichen Entwicklung ist festzuhalten, dass die staatliche Zugehörigkeit Oberschlesiens sehr oft wechselte. Im frühen Mittelalter gehörte sie zum Großmährischen Reich, dann zu Polen und später zur Böhmischen Krone. Mit 1526 fiel Oberschlesien an die Habsburger und danach kam sie als Nebenland Böhmens unter dessen Herrschaft. Nach dem ersten schlesischen Krieg in den Jahren 1740 bis 1742 wurde der größte Teil Nieder- und Oberschlesiens an Preußen abgetreten und später zur preußischen Provinz ernannt. Ein kleiner Teil davon blieb jedoch als Österreichisch-Schlesien unter der Herrschaft der Habsburger.

Nach 1871 wurde Schlesien als Teil des Deutschen Reichs anerkannt. Nach dem ersten Weltkrieg, im Jahre 1921, kam es zu einer Volkabstimmung, bei der 59,6% der Bevölkerung sich für eine Zugehörigkeit zu Deutschland entschieden. Danach wurde Oberschlesien dreigeteilt: ein Teil davon gehörte der neu gegründeten Tschechoslowakei, der größte Teil der oberschlesischen Industriegebiete wurde Polen zugeteilt und der mittlere Teil verblieb bei Deutschland. Jahrhundertelang war Oberschlesien ein mehrsprachiges Gebiet. Kurz vor der Zeit des ersten Weltkriegs, im Jahr 1910, sprachen ca. 40% der Bevölkerung Deutsch. 1945 schloss sich auch der deutsche Teil Oberschlesiens Polen an.

Im Jahr 1919 wurde aus der Region Oppeln die eigenständige preußische Provinz Oberschlesien gebildet. Später, im Jahr 1920, wurde der Osten Schlesiens an Polen angeschlossen, 1922 auch der Osten der Provinz Oberschlesien. Die letzten zwei Teile bildeten die Autonomie Woiwodschaft Schlesien. Durch die Westverschiebung Polens kam Oberschlesiens 1949 zu der Volksrepublik Polen.

Zu der Geographie Oberschlesiens zählen folgende Herzog- und Fürstentümer: Teschen, Troppau, Jägerndorf, Oppeln, Ratibor, Bielitz, Pleß und Beuthen.

Folgende Flüsse prägen Oberschlesien: die Weichsel, die Oder, die Olsa, die Glatzer Neiße, die Oppa, die Raude und die Klodnitz.

Die Städte, die mehr als 100.000 Einwohner haben, sind: Katowice, Gliwice, Zabrze, Bytom, Ruda, Rybnik, Tychy, Oppeln und Königshütte.

Zur Sprachentwicklung muss man folgendes erwähnen: Während in Niederschlesien 96% der Bevölkerung Deutsch sprachen, war in Oberschlesien Polnisch zu 53% verbreitet. Dazu anzumerken ist, dass die polnische Sprache der Oberschlesier größtenteils als Dialekt des Polnischen anzusehen ist. Während der Jahre 1819 war Polnisch zu 67,2% und Deutsch zu 29% verbreitet, 1910 wiederum waren 53% der Bevölkerung polnisch- und 40% deutschsprachig.

Nach dem ersten Weltkrieg und mit dem Vertrag von Versailles wurden Teile des Grenzverlaufs zwischen Polen und Deutschland neu geregelt. Die Kommission, der die Leitung der Volksabstimmung unterlag, hatte laut Abstimmung die Aufgabe, die gemeindeweisen Ergebnisse dem alliierten Obersten Rat mitzuteilen und einen Vorschlag über die Linie einzureichen, die in Oberschlesien unter Berücksichtigung sowohl der Willenskundgebung der Einwohner als auch der geographischen und wirtschaftlichen Lage der Ortschaften als Grenze Deutschlands angenommen werden sollte. Die letzte Entscheidung war dem Obersten Rat vorbehalten, jedoch kam es zwischen Kriegsende und Abstimmung zu gewaltsamen Auseinandersetzungen zwischen polnischen Einwohnern, die den Anschluss an Polen forderten, und deutschen Polizeieinheiten sowie Freikorps während der Aufstände in Oberschlesien

Die Bedeutung dieses Falls war trotz widriger Bedingungen und massiver polnischer Propaganda für Deutschland r immens und führte letztendlich dazu, dass der größte Teil der Bewohner nach Deutschland wollte. Die angespannte Situation in Oberschlesien sowie zwischen dem polnischen und deutschen Staat trug zur Verschärfung der Front bei. Ein Märchen wurde geboren, das besagte: „Selbst wenn die Abstimmung eine gewaltige Mehrheit für Deutschland ergeben sollte, könnte noch immer ein Teil Oberschlesiens den Polen zugesprochen werden".

Das geteilte Oberschlesien wurde ab dem 3. September 1922 festgelegt. In dem Teil Oberschlesiens, wo die Volksabstimmung durchgeführt wurde, sollte das Eigenland Oberschlesien im Deutschen Reich entstehen, jedoch sprachen sich 90% der Bevölkerung für das bisherige Statut und somit einem Verbleib als Provinz Oberschlesien im Freistaat Preußen in der Weimarer Republik aus. Am 20. Juni 1922 übernahm die zweite polnische Republik das abgetretene Ost-Oberschlesien in der neu gegründeten autonomen Woiwodschaft Schlesien, der weitreichende Selbständigkeit zugestanden wurde. Diese autonome Provinz bestand aus Ost-Oberschlesien und dem tschechischen Oberschlesien.

Nach der Machtübergabe an die Nationalsozialisten wurde das „Deutsch-Polnische Abkommen über Oberschlesien (Genfer Abkommen)" begründet. In dem vom Völkerbund entwickelten Abkommen (1926) würde begründet, dass jede

Vertragspartei in ihrem Anteil von Oberschlesien für jeden Bewohner gleiche Rechte gewährleisten musste.

Mit Beginn des Antisemitismus und der Diskriminierung gegenüber jüdischen Deutschen wandte sich Franz Bernheim im Mai 1933 mit der „Bernheim-Petition" an den Völkerbund, mit der Bitte, das Abkommen über Ostschlesien wirksam durchzusetzen. Dies tat der Völkerbund, indem er Deutschland aufforderte, das Abkommen einzuhalten. Am 9. September 1933 nahm die NS Regierung die antisemitischen Gesetze in Oberschlesien zurück und nahm es von neuen Diskriminierungen aus. Danach trat Deutschland aus dem Völkerbund aus. Auch nach diesem Austritt hielt sie das Abkommen ein, um Polen keinen Vorwand zu liefern, das Abkommen als hinfällig zu betrachten. Dies hielt, im Gegensatz zum restlichen Deutschland, bis Mai 1937. Während dieser Zeit wurden die antisemitische Diskriminierung sowie der Arier Paragraph und die Nürnberger Gesetze in Oberschlesien nicht wirksam.

Mit dem zweiten Weltkrieg und dem Polenfeldzug eroberte die Wehrmacht im September 1939 Ost-Oberschlesien, wodurch die gesamte Provinz Oberschlesien vereinigt und dem Großdeutschen Reich angeschlossen wurde. Im Jahr 1941 wurde Oberschlesien formal als Preußische Provinz wiedergegründet und wählte als Hauptstadt Kattowitz aus. Die neue Provinz nahm nun neben Ostoberschlesien auch das Gebiet des autonomen Gebiets Woidwodschaft ein, sowie das Gebiet des Hultschiner Ländchen mit zwei kleinen zusätzlichen historischen Städte auf. In diesem Gebiet wurde auch das Konzentrationslager Auschwitz errichtet.

Am Ende des zweiten Weltkriegs wurde Oberschlesien 1945 von der Roten Armee erobert. Kriegszerstörungen hielten sich, bis auf das Hultschiner Ländchen, in Grenzen. Anders als in Niederschlesien gab es im oberschlesischen Industriegebiet aus ökonomischen Gründen keine flächendeckende Vertreibung, da viele Einwohner zweisprachig waren. Viele der Oberschlesier verfügten über Berufsqualifikationen für die Kohle- und Stahlindustrie, die zu diesem Zeitpunkt lebenswichtig für Polen war. Wer halbwegs polnisch sprach und als „autochthon" eingestuft wurde, bekam ein Bleiberecht erteilt, auch dann wenn die Oberschlesier nur deutschsprachig waren. Schließlich wurden von der oberschlesischen Bevölkerung ca. 40% vertrieben. Insbesondere um Oppeln und Kattowitz herum blieb bis heute eine große deutsche Minderheit zurück, die weder vertrieben wurde noch aussiedeln wollte.

Die restliche zurückgebliebene Bevölkerung Oberschlesiens, sowohl deutsch- als auch polnischsprachig, musste ab 1944 die Diskriminierung des polnischen Systems dulden. Der polnische Staat machte sich zum Ziel, die angeblich „germanisierten" Teile Polens zu repolonisieren. Daher wurde die gesprochene deutsche Sprache in Kirchen, Schulen und sogar im Privatleben verboten. Erst 1988, das heißt über 40 Jahre nach dem Verbot, wurde erstmalig eine deutsche Messe in Oberschlesien auf dem Annaberg abgehalten, die sogar zu diesem Zeitpunkt noch illegal war. Dies war die grob aufgezeigte Entwicklung Oberschlesiens, die teilweise aus Büchern und aus Wikipedia stammt. [1]

Nach weiteren Recherchen über das soziale Gefüge der Deutschen in Oberschlesien wurde ich auf die Tatsache aufmerksam gemacht, dass die deutschen Oberschlesier das Landrecht, das heißt das Recht selbst Land zu besitzen und zu bewirtschaften, erst nach 1850 bekamen. Die deutschen Schlesier waren demnach vorher mehr oder weniger Landarbeiter und damit erheblich gegenüber der restlichen Bevölkerung benachteiligt. Da Reichtum oft mit Landbesitz verbunden ist bedeutet dies, dass ein großer Teil der deutschen Bevölkerung in Oberschlesien verarmt war. Nach 1850 entwickelte sich langsam und stetig eine wohlhabende Mittelklasse, die kleine und größere Höfe besaßen. Die Gefahr bestand jedoch darin, falls sie mehrere Kinder hatten, im Erbfall durch Teilung wieder zu verarmen. Daher war das ungeschriebene Gesetz, dass nur ein Sohn den Hof erben konnte und der weitere Sohn unbedingt sein Glück bei der Kirche versuchen musste. Der dritte Sohn musste unbedingt Lehrer werden und so weiter. Dies war in der Realität jedoch sehr oft mit Familienzwisten verbunden.

Betrachtet man Kultur und Sehenswürdigkeiten so muss man folgende Orte nennen: den Wallfahrtort St. Annaberg, welcher ca. 40 km südöstlich von Oppeln liegt. Dort in der Kirche befindet sich die 66cm große Statue der Anna Selbdritt.

---

[1] Vgl. https://de.wikipedia.org/wiki/Oberschlesien

Oppeln wiederum zählt zu den schönsten mittelalterlich geprägten Städten Schlesiens, insbesondere die aus dem 13. Jahrhundert stammende Kathedrale Zum Heiligen Kreuz stellt ein Highlight dar. Weiterhin interessant sind das Rathaus und der dazugehörige Marktplatz, die Franziskanerkirche und der Bergelkirche. Berühmt sind auch das Museum des Oppelner Dorfes sowie das Museum des Oppelner Schlesiens. Kattowitz in der Woiwodschaft Schlesien liegt im Osten von Oberschlesien und stellt die größte Stadt Schlesiens dar. Highlights sind die Marienkirche von 1870, die Schrotholzkirche, die Erzengel-Michael-Kirche aus dem 16. Jahrhundert sowie die Christkönigskathedrale. Das schlesische Parlament, das schlesische Museum und das schlesische Theater bilden weitere Highlights. Weiterhin wichtig sind in Nysa die Jakobskathedrale sowie verschiedene Denkmäler.

Folgende Burgen und Schlösser prägten die Landschaft Oberschlesiens: die Anlage Schloss Neudeck, Schloss Moschen, Schloss Pleß, Schloss Groß Stein, Schloss Plawniowice, Burg Totzeck, Schloss Koschentin und die Ruine des Schlosses Kopitz.

Typische oberschlesische Feiertage sind zum einen der 4. Dezember, welcher der Barbaratag oder Tag der Bergleute genannt wird, sowie der 6. Dezember als Nikolaustag.

Folgende Traditionen und Bräuche sind wissenswert: der ländliche oberschlesische Faschingsbrauch des Winteraustreibens, auch genannt Bärenführen. Hierbei wird der Winter durch eine Bärenverkleidung symbolisiert. Dieser wird von einem Polizisten festgenommen und, gefolgt von den Leuten des Ortes, wird der Bär des Ortes verwiesen. Der Bär soll aber auch für das Böse stehen, das aus dem Ort herausgebracht wird. Das Faschingsfest wird größtenteils den Frauen vorbehalten - Männer haben keinen Zutritt.

Zu Ostern gibt es verschiedene Bräuche, einer der wichtigsten ist der Ostermontag. Dort gibt es das Schmackostern. Während man in Niederschlesien die Mädchen mit geschmückten Ruten schlägt, begießt man sie in Oberschlesien meist mit Wasser, ähnlich wie beim polnischen „Śmigus-dyngus". Teilweise war früher das begießen und schlagen kombiniert. Meistens werden danach Geschenke verteilt, die oft aus Holzeiern und Süßigkeiten bestehen. Früher wurden auch oft Kaffee, Kuchen und Gelbbrot verschenkt.

Am Erntedankfest, in Oberschlesien als Erntefest bekannt, findet traditionell ein Umzug statt, bei dem die Erntekrone oder der Erntekranz vorangetragen wird sowie mehrere Wagen geschmückt und mit lustigen Motiven gestaltet werden. Im Anschluss gab es gemeinsame Feste, Musik und Tanz. Bei den Oberschlesiern ist außerdem Weihnachten ein sehr wichtiger Feiertag und wird durch die Symbolfigur des Christkinds verkörpert.

Zu schlesischen Hochzeiten gehörten der Polterabend und am Tag nach der Hochzeit das Nachfeiern.

5. WIE WAREN DIE SCHLESIER?

Viele berühmte Persönlichkeiten kamen aus der schlesischen Landschaft. Einige von ihnen sind: Otto Stern aus Sohrau, der wegen seiner Religion als Jude aus Deutschland vertrieben wurde Er erhielt 1943 als Professor in Pittsburgh den Nobelpreis in Physik. Im Jahr 1963 erhielt die in Kattowitz geborene Maria Göppert-Eppmeier den gleichen Preis. Der in Königshütte geborene Kurt Adler erhielt 1950 den Nobelpreis für Chemie, auch er wurde als Jungwissenschaftler wegen seiner jüdischen Abstammung vertrieben, und später in der Uni Harvard als Professor eingestellt. Im Jahr 1964 erhielt der junge jüdische Wissenschaftler Konrad Bloch, der wegen seiner Abstammung vertrieben worden war, den Nobelpreis für Medizin. Weitere bekannte Schlesier waren der im Landkreis Kosel geborene Ernst Friedrich Zwirner, welcher Architekt und Dombaumeister von Köln war und Oskar Troplowitz, der deutscher Apotheker, Unternehmer und Kunstmäzen war. Er wurde in Gleiwitz geboren und übernahm nach seiner Gründung das Unternehmen Beiersdorf (Niveacreme). Folgende bekannten Schriftsteller waren Oberschlesier: Joseph von Eichendorff, Horst Bienek und Horst Ecker, der als „Janosch" bekannt wurde. Die bekannteste Novelle Eichendorffs war „Aus dem Leben eines Taugenichts". Wolfgang Bittner, ein aus Gleiwitz entstammender Schriftsteller, fügte in mehreren seiner Werke die schlesische Landschaft und Umgebung ein. Aus Nysa entstammt der Zoologe Bernhard Grizmeck, ein weiterer bekannter

Oberschlesier ist Edward Schnitzer, der als Afrikaforscher berühmt wurde. In der Region wurden außerdem der Theologe und Bischof Walter Mixa und Alfons Nosol aus Broschütz geboren. Als Fußballspieler sind noch Miroslav Klose, in Oppeln geboren, und Lukas Podolski, in Gleiwitz zu Welt gekommen, wichtig zu erwähnen.

Einer der bekanntesten Schicksale der Schlesier spiegelt sich im Leben des Gerhart Johann Robert Hauptmann wieder. Er wurde am 15.11.1862 in Obersalzbrunn/Schlesien geboren und starb am 6.6.1946 in Agnetendorf/Schlesien. Er ist einer der bekanntesten Dramatiker und Schriftsteller und einer der bedeutensten Vertreter des Naturalismus. Seine Eltern Robert und Marie Hauptmann haben ein Hotel betrieben. Hauptmann hatte drei ältere Geschwister, Georg, Johanna und Karl. 1868 besuchte er die Dorfschule und ab 1874 die Realschule in Breslau, die er nur knapp geschafft hat. Er fand sich in großen Städten nicht zurecht. Ihn störte vor allem die Härte der Lehrer und die Besserbehandlung adeliger Mitschüler. Da er kränklich war, verpasste er häufig den Unterricht und musste das erste Jahr wiederholen. Im Frühjahr 1878 verließ er die Realschule, um auf dem Gutshof seines Onkels Gustav Schubert in Lohnig eine Lehre zu beginnen. Auch diese hat er nach anderthalb Jahren abbrechen müssen, da er der physischen Arbeit nicht gewachsen war und an einer Lungenkrankheit litt. Hauptmann trat 1880 in die Bildhauerklasse der königlichen Kunst- und Gewerbeschule in Breslau ein. Dort traf er Josef Block, mit dem ihn eine lebenslange Freundschaft verbinden sollte. 1882 verließ

Hauptmann diese Schule. Er schrieb für die Hochzeit seines Bruders das kleine Festspiel „Liebesfrühling", welches am Polterabend uraufgeführt wurde. Während der Hochzeit lernte er die Schwester der Braut, Marie Thienemann kennen und verlobte sich heimlich mit ihr. Marie unterstützte ihn anschließend finanziell und ermöglichte ihm ein Studium (1882-83) der Philosophie und Literaturgeschichte an der Universität Jena, welches er bald wieder abbrach. Danach finanzierte ihm seine Verlobte eine Reise ans Mittelmeer. Er beschloss, sich in Rom als Bildhauer niederzulassen, womit er aber keinen Erfolg hatte. Enttäuscht kehrte Hauptmann zurück nach Deutschland und begann ein Zeichenstudium an der königlichen Akademie Dresden, welches er auch abbrach, so wie auch das anschließende Geschichtsstudium in Berlin. Er widmete seine Interessen mehr dem Theater als dem Studium.

Gerhart Hauptmann heiratete am 5.5.1885 Marie Thienemann von Hohenhausen in Radebeul. Ihre Hochzeit brachte sie nach Rügen. Sie besuchten zum ersten Mal die Insel Hiddensee, welche damals ein beliebtes Reiseziel war. Er und seine Frau wohnten 4 Jahre lang in Erkner in der Villa Lassen. Dort kamen auch ihre drei Söhne Iwo, Eckart und Klau zur Welt. 1889 zog Hauptmann in die Schülerstr. 78 in Charlottenburg und nahm Verbindung zu dem naturalistischen Literaturverein Durch auf, wo er Karl Bleibtreu und Wilhelm Bölche kennenlernte. Pfingsten 1888 hatte er in Zürich den Naturprediger Johannes Guttzeit kennengelernt, der für ihn ein Vorbild geworden war. Beeinflusst von dem Psychiater, Hirnforscher und

Alkoholgegner Auguste Forel verwandelte sich Gerhart Hauptmann eine Zeitlang in einen Abstinenzler. Diese Verwandlung ging in sein Drama „Sonnenaufgang" ein und verhalf ihm zum Durchbruch als Dramatiker. Dieses Stück machte ihn in Berlin und darüber hinaus bekannt. 1891 bezog Hauptmann mit seinem Bruder Karl das gekaufte Haus in Schreiberhau im Riesengebirge. Ab 1890 entstanden folgende Werke: Das Friedenfest 1891, Der einsame Mensch 1891, Der Biberpelz 1893. Auch Komödien wie „Kollege Crampton". Sein Meisterstück jedoch „Die Weber" welche er zum größten Teil in Schreiberhau verfasste und welches die Lage und den Aufstand der schlesischen Weber von 1844 beschrieb, löste 1892 einen wahren Skandal aus. Dies verhalf Hauptmann zum regelrechten Durchbruch und wurde von Theodor Fontane sehr begrüßt. 1893 verliebte Hauptmann sich in Margarete Marschalk. Im Versuch ihre Ehe zu retten, reiste Marie mit den Kindern in die Vereinigten Staaten. Obwohl Hauptmann in Paris die Uraufführung von „Hanneles Himmelfahrt" vorbereitete und ohne die Premiere abzuwarten, reiste Hauptmann Marie nach. Die Ehe war aber nicht mehr zu retten und wurde 1904 geschieden. Marie wohnte jedoch bis 1909 in Hauptmanns Villa in Dresden Blasewitz.

Ab 1901 wohnten Hauptmann und Margarete Marschalk in Agnetendorf. 1900 brachte Margarete den gemeinsamen Sohn Benvenuto zur Welt. Im September 1904 heiratete Hauptmann Margarete. Diese Ehe dauerte bis zu seinem Tod. Hauptmann soll 1905 eines der ersten von 31 Mitgliedern der Berliner Sektion der Gesellschaft für Rassenhygiene des Alfred

Plötz gewesen sein- ein durchaus kritischer Punkt. Um die Jahrhundertwende wurde ihm außerdem folgende offizielle Ehrung zuteil: Er wurde Hauptmann der österreichischen Grillparzer Gesellschaft, 1909 Ehrendoktor der Universität Leipzig sowie Doktor des Worcester College der Universität Oxford. 1912 erhielt er den Nobelpreis für Literatur. Kaiser Wilhelm II mochte den Dichter nicht und tat alles, um die Verleihung des Preises zu verhindern. In den ersten Kriegsjahren gehörte Hauptmann zu den Befürwortern des Krieges, seine Euphorie wandelte sich aber sehr schnell in Ablehnung. So hat er sich an der Erklärung vom 16.11.18 im Berliner Tageblatt beteiligt, in der er sich mit der Republik solidarisiert. Angeblich soll ihm 1921 das Amt des Reichskanzlers angeboten worden sein. Bereits zu diesem Zeitpunkt war die Nachfrage nach seinen Werken rückläufig. Er konnte sich jedoch ein finanziell sorgloses Leben leisten, indem er Filmrechte an seinen Romanen erteilte und Fortsetzungsromane schrieb. Trotzdem stieg seine Popularität. Im Ausland galt er sowieso als der Hauptvertreter der deutschen Literatur. 1932 erhielt er den Ehrendoktor der Columbia Universität und die Stadt Frankfurt verlieh ihm anlässlich seines 70. Geburtstags den Goethe Preis. Von 1926 bis 1943 lebte Hauptmann vornehmlich im Sommer in Klosters auf Hiddensee.

Sein Wirken im der Zeit des Nationalsozialismus ist wie folgt zu beschreiben: Nach der Machtergreifung der Nationalsozialisten unterzeichnete Hauptmann eine Loyalitätserklärung der deutschen Akademie der Dichtung. Im gleichen Jahr beantragte er die Mitgliedschaft in der NSDAP, wurde jedoch abgelehnt. Zur gleichen Zeit zensierte er sehr kritisch Hitlers Buch „Mein Kampf". Es ist zu vermerken, dass aus seinem Selbstverständnis heraus, dass ein Dichter überparteilich sein müsse, keinerlei nationalistische Ideologien in seine Werke eingeflossen sind. Hauptmann hat stets auf eine Distanz zum Nationalsozialismus geachtet. Er genoss ein sehr hohes Ansehen bei der Bevölkerung, was ihn vor schlimmeren Repressalien der Nationalsozialisten bewahrte. Dennoch wachte Reichsminister Goebbels persönlich über Hauptmanns Wirken. So verbot er die Neuauflage des Buchs „Der Schuß im Park" nur weil ein Dunkelhäutiger darin vorkam. Auch die Verfilmungen von „Biberpelz" und „Vor Sonnenaufgang" wurden zensiert, und sogar die filmische Adaption von „Schluck und Jau" verboten. 1944 erschien „die AtridenTetralogie", welche bei Adolf Hitler sehr hohes Ansehen genoss. Am 7.4.46 wurde Gerhardt Hauptmann von sowjetischer Seite mitgeteilt, dass die polnische Regierung auf seiner Aussiedlung bestehen würde. Aus Angst erkrankte er sehr schwer. Anfang Mai 1946 erfuhr Gerhart Hauptmann, dass die polnische Regierung darauf bestand, alle Deutschen auszuweisen. Am 6.6.46 starb er nach einer Bronchitis Erkrankung in Agnetendorf.

„Entgegen seinem testamentarisch erklärten Willen wurde Gerhart Hauptmann nicht in seiner Heimat begraben. Auch ein amtliches Schreiben der Sowjetadministration zugunsten des Schriftstellers, der in der Sowjetuniton hoch verehrt wurde, erwies sich als wirkungslos. Schon eine Stunde nach seinem

Tod hatten sich polnische Milizen vor dem Fenster des Wiesensteins versammelt und direkt ihre Genugtuung geäußert. Der Leichnam Hauptmanns wurde in einem Zinksarg aufbewahrt in seinem Arbeitszimmer abgestellt. Die Genehmigung zur Ausreise in einem Sonderzug ließ auf sich warten. Einen Monat nach seinem Tod forderte die Sowjetadministration die polnische Verwaltung aufgrund des hygienischen Zustands zur Überführung der Überreste auf. Einige Tage später wurde der Sarg nach Deutschland geschafft. In der Trauerfeier in Stralsund sprachen Wilhelm Pick, der Dichter Johannes R. Becher und der sowjetische Kulturoffizier Tjulpalow sprachen. Am Morgen des 28.7.46 wurde Gerhart Hauptmann 52 Tage nach seinem Tod auf dem Inselfriedhof im Kloster auf Hiddensee bestattet1981 wurde die Urne der 1957 verstorbenen Margarete Hauptmann im Grab ihres Mannes beigesetzt" (Quelle Wikipedia).

Der Lebenslauf eines der berühmtesten Söhne Schlesiens ist exemplarisch für das Leben vieler Schlesier im 19. Und 20. Jahrhundert. Die Mutter meiner Schwiegermutter starb auf der Flucht vor den Russen. Ihr Grab wurde nie wieder gefunden.

6. WIE IST DIE IDENTITÄT DER OBERSCHLESIER?

Eine Aussage besagt, der Schlesier hält es mit Schiller: „Was man nicht aufgibt, hat man nicht verloren". Vielen Schlesiern sagt man Sentimentalität und Bitterkeit nach. Sie können jedoch auch lustig sein.

Betrachtet man sie jedoch im Großen und Ganzen, so muss man feststellen, dass immerhin das erste Opfer des zweiten Weltkriegs ein Schlesier war. Er hieß Franciszek Honiok. Er wurde von der Gestapo betäubt und umgebracht und im Sender Gleiwitz, einem polnischen Rundfunksender, erschossen. Ihm wurde die Rolle eines Opfers polnischer Nationalisten zugedacht. Sehr oft war Oberschlesien im Schatten des 20. Jahrhunderts mit Problemen belastet, denn Oberschlesien hatte mit seinen Bodenschätzen machtpolitische Begierde erweckt.

Die Oberschlesier schwankten in ihrer politischen Loyalität. Sie galten für Deutsche und Polen als unsichere Kantonisten. Es gab und gibt Oberschlesier, die sich als Deutsche und deutscher als Polen fühlen. Es gibt aber auch Oberschlesier, die die Existenz einer oberschlesischen Nation behaupten.

Für meine Schwiegereltern gab es kein Polen in Schlesien. Sie waren immer deutsch gewesen und haben sich als Deutsche gefühlt und es gab in ihrem Dorf und in ihrem gesamten Verständnis von Schlesien keine Polen. In ihrer Sprache gab es überhaupt kein polnisches Element. Auch den schlesischen

Dialekt „Das Pauersche" habe ich selten von Ihnen gehört. Sie haben untereinander und mit ihren Kindern Hochdeutsch gesprochen.

In ihrer eigenen Heimat sind die Oberschlesier eine Minderheit geworden, weil nach dem zweiten Weltkrieg ehemalige ostpolnische Gebietsbewohner nach Oberschlesien gebracht wurden. Der Schriftsteller Johann Sebastian Günther stellt für viele Schlesier das Paradebeispiel der Sehnsucht dar. Der Schlesier, als Roman in mehreren Fortsetzungen, gerät zur politischen Parabel. So zerrissen von übermächtiger Sehnsucht nach Heimat, so unverstanden sollen die heimatsvertriebenen Schlesier fühlen. Das ist deren Botschaft.

Herbert Hupka, der wie kein anderer das Schlesische in der Politik vertrat, wurde zum Teil von CDU Politikern zwar nicht als faschistischer, aber als rechtsextremer Politiker eingestuft. Unter den Funktionären der schlesischen Mannschaften herrscht zwar eine deutsche Nationalgesinnung und Mentalität vor, doch darf man nicht vergessen, dass die These der deutschen Alleinschuld für den zweiten Weltkrieg kein Gehör findet. Es wurde schon beim Versailler Vertrag den deutschen Schlesiern übel mitgespielt. Daher ist der Begriff „Schandfrieden" auch in den Jahren 1918 oder 1945 das Gleiche.

Weiterhin finden sich bei den Frauen von Schlesien viele starke Persönlichkeiten, unter anderem Hedwig von Schlesien, die gern als emanzipierte Frau dargestellt wird. Bedenkt man ihren Lebensweg - mit 12 Jahren an den Herzog von Schlesien aus machtpolitischen Gründen verheiratet, mit 13 Jahren bekam sie ihr erstes Kind - kann man keine Emanzipation erwarten. Laut Renate Schuhmann war das selbständige Auftreten der Frauen im Mittelalter keine Seltenheit, es kam jedoch auf die Persönlichkeit und die Umstände an.

Für Hedwig von Schlesien, die als Witwe zehn Jahre lang das Land regierte, lässt sich dies in eindrucksvoller Weise belegen. Die „Heilige Hedwig" wurde als Brückenbauerin der polnisch-deutschen Aussöhnung bezeichnet. Laut Renate von Schuhmann war damals „kein nationales Bewusstsein vorhanden. Hedwig hatte vielmehr das christliche Sendungsbewusstsein". Sie war Handelnde in ihrer Zeit, allerdings gab es zu dieser Zeit Menschen verschiedener Volksgruppen in Schlesien: die einheimischen Slaven, die Bevölkerung aus Böhmen, polnische Hofleute und zunehmend ins Land strömende deutsche Siedler. Die Fürstin war zudem eine wichtige Bezugsperson. Für deutsche Einheimische stand sie vor allem für den Schutz vor polnischen Rechten. Sie waltete äußerst besonnen und so gab es in der Region keinen Streit und Zwietracht.

Hier ist zu erwähnen, dass ich nach mehreren Anläufen den Ursprung des Nachnamens meines Schwiegervaters und meiner Schwiegermutter herausfand. Sie waren Bauernleute aus Augsburg, denen man im 13. Jahrhundert Waffen- und Wappengewalt gab, damit sie in Oberschlesien beziehungsweise Polen die Christianisierung vornahmen.

Ich habe mich auch sehr stark für schlesische Sagen interessiert, denn Sagen und Märchen sind immer ein Teil der Kultur eines Volkes. Ich habe mir die Mühe gemacht, folgende Sagen von:

- **Städten**
    - der heilige Adalbert in Oppeln
    - Herzog Boleslaus und das Goldberger Gespenst
    - Das Bügeleisen zu Glogau
    - Die Heidenfrau zu Glatz
    - die Gründung des Klosters Trebnitz
    - der steinerne Kopf am Dom zu Breslau
    - die mutige Magd zu Brieg

- **Burgen und Schlössern**
    - Die Ernte unter dem alten Schloss zu Tost
    - das eingemauerte Ritterfräulein im Schloss zu Hindenburg
    - der böse Tzessel
    - die Räuber auf der Schellenburg
    - der Hungerturm zu Priebus

- **Kirchen und Klöstern**
    - Herzog Heinrich erwirbt einen Schatz
    - die gestohlene Glocke
    - die Pulverkerzen zu Albendorf
    - eine wunderbare Rettung

- **Wasserweiblein und Wassermännern**
  - der Wassermann bei Deutsch Rasselwitz
  - das Wasserweiblein an der Neißebrücke bei Frankenberg
  - die Vertreibung
  - die sprechenden Äpfel
  - die erzürnte Wasserjungfrau

- **Licht und Feuerwesen**
  - der große Leuchter am Riesengebirge
  - der Feuerputz zu Lauban
  - der Feuermann von Schlesiengrube
  - der Wanderbursche und das Irrlicht

- **Hexen und Zauberern**
  - Blühende Kirschzweige in der Christnacht
  - der böse Herr aus Groß Särchen
  - Die Verbannung der Sperlinge in Neugericht
  - Agnetendorf
  - Viehzauber

- **Gespenster und Nachtgestalten**
  - Das Mittagsgespenst
  - der schwarze Hund zu Görlitz
  - der Heuschewirt
  - der Nachtjäger
  - die weiße Frau auf der Kynsburg
  - die weiße Frau im Schlauser Schloss

- **Tod und Teufeln**
  - Warte, du sollst an mich denken!
  - der unheimliche Reisebegleiter
  - der Wechselbalg
  - der Wind und der Teufel zu Wartha
  - der höllische Tänzer
  - der Böse als schwarzer Pudel

- **Prophezeihungen**
  - Die Pestlinde in Nowag
  - das Versprechen der Zigeuner
  - die Türken kommen
  - das graue Männchen

herauszusuchen. All diese Sagen sind nur als kleine Auswahl zu verstehen.

Folgende schlesische Rezepte habe ich genossen:

Die Sauerampfersuppe, die Kürbissuppe, die Brotsuppe, das Rindfleisch mit Brühkartoffeln, die Ochsenschwanzsuppe, Linsen mit Backpflaumen, die Apfelklöße, die Hefeklöße, Pfannkuchen, das Bauernessen, Kartoffelgemüse, den Rehrücken, Sauerbraten, Kalbsfüße, Birnen mit Fleisch und Klößen, den Schmorbraten, das schlesische Himmelreich, Karpfen blau, den Gurken- und Bohnensalat, den Rotrübensalat, Kartoffelsalat, Selleriesalat, den Pfefferkuchen, Neisser Pfefferkuchen, die Anisplätzchen, den Striezel, den Christstollen, den Mohnstriezel, und natürlich „Sträselkucha".

7. WAS FÜR EIN GEMÜT HABEN DIE SCHLESIER?

Um diese Frage zu beantworten, habe ich ein paar Witze gefunden, die den Humor der Schlesier gut beschreiben.

- Am Fahrkartenschalter erscheint eine Frau mit einem Jungen in langen Hosen. „Eich mechtä ‚ne Foahrkarte nach Gruss-Brassel un an Kinderbillet.“ Der Beamte: „Nanu - ein Kinderbillet? Der Junge hat ja schon lange Hosen an.“ Die Frau dahinter: „Woas - geihtä's jetze uff der Boahne schon noach de Husen? Doa foahr eich joa fier die Hälfte!“ Die Großmutter dahinter: „Nu doas is' obaer scheen - doa foahr' eich joa ganz umsuenste!“[2]
- Schaffner zu einem Bauer in der Bahn nach Schreiberhau: „Machen Sie die Zigarette aus.“ „Nee, ich denke nee droan.“, sagt der Bauer. Schaffner: „Können Sie nicht lesen, Sie haben doch dort das Schild im Wagen, Nichtraucher“. Bauer: „nu, do machen Sie oaber an Punkt, mei Lieber, wenn ma sich nuch ollen Schildern richten sellte. Gucken Sie amool dorte drüben stieht ju au: Tragt Maukana - Büstenhalter, na, und tragen Sie vielleicht diese Dinger?“ [3]
- Der Neumann Pauer geht den Feldweg entlang und besieht sich seine Felder. Es kommt Engberts Hermoan quer über die Wiese gelaufen. Der Neumann Pauer meint:

[2] www.mattern-online.info/schlesien2/html/schlesische_witze.html
[3] www.mattern-online.info/schlesien2/html/schlesische_witze.html

„Du, Hermoan, hie gieht kee Waig!" Hermann drehte sich sachte um und meint: „Nu hier ock, Neumann, wenn ich war a poar mool durchgelatscht sein, wird schunn enner warn!" [4]

- Im Hause Müller ist der Storch zum zweiten Mal eingekehrt und es gab Zwillinge. Der kleine Hans durfte dafür zwei Tage von der Schule fernbleiben. Seine Freude war groß und er sagt: „Mutter, wenn du nächstens amool Drillinge kriegst, koan ich doo drei Tage derheeme bleiba?" [5]

- „Na Karle, woas machste denn jitzt asu aler Junge?" „Ich verkofe Möbel." „Gieht doas Geschäft gut?" „Mäßig, es sein nämlich meine Eigenen!" [6]

Sehr berühmt sind auch die Witze über Antek und Franzek. Leider habe ich diese Witze bei meinen Schwiegereltern nicht gehört und habe erst jetzt bei der Beschäftigung mit Schlesien davon Kenntnis erhalten. Diese hier möchte ich noch einmal aufführen:

- Antek trifft Franzek auf der Straße. Franzek sieht niedergeschlagen aus. Antek: „Maensch, Pieron, was machst du fier Gesicht?" Franzek: „Hab den Prozess verloren." Antek: „Du hast Prozeess verlorä'n? Gegen wän?" Franzek: „na, gegen Fiskus." Antek: „Was du nich

---

[4] www.mattern-online.info/schlesien2/html/schlesische_witze.html
[5] www.mattern-online.info/schlesien2/html/schlesische_witze.html
[6] www.mattern-online.info/schlesien2/html/schlesische_witze.html

sagst, gegen Fiskus? Ja laebt daer immer noch? Schon mein Grussvater hat Prozess gehabt mit ihm und verloren." [7]

- Antek und Franzek mueßen mit der ganzen Schicht zur ärztlichen Untersuchung. Vorher ist gründliche Reinigung in der Waschkaue befohlen. Als Antek vor dem Arzt steht, bemerkt Franzek: „Antek schau - hastu linkes Bein noch ganz dunkelweiss." „No - wird ich gewaschen haben Bein vom Nachbarn im Gedränge." [8]

- Franzek kommt spät in der Nacht nach Hause, sternhagelvoll. Seine Frau: „Ich verstaehe nicht, Franzek, wie man sich so besaufen kann!" Franzek: „Wenn di nischt davon verstaehst, red nich drieber!" [9]

- Heiraten ist gefährlich

  Antek und Franzek philosophieren bei einem Stehbier in der Bahnhofsgastwirtschaft in Tryneck über das Heiraten. Antek: „Hab ich gehört: Ehen werden im Himmel geschlossen." Franzek: „Nu wird mir alles klar! Deshalb fallen so viele nach der Hochzeit aus den Wolken!"[10]

- Mit einer Frau

  Der Richter fragt den Angeklagten: „Franzek, sind Sie verheiratet?" - „Sicher doch, Herr Richter", so die Antwort des Franzek, „mit einer Frau!" „So ein Unsinn", empört sich der Richter, „schließlich kann man nicht mit einem

---

[7] www.mattern-online.info/schlesien2/html/schlesische_witze.html
[8] www.mattern-online.info/schlesien2/html/schlesische_witze.html
[9] www.mattern-online.info/schlesien2/html/schlesische_witze.html
[10] o.A.: Antek und Franzek (2016), Laumann-Verlag Dülmen, Dülmen

Mann verheiratet sein." „Aber doch", entrüstet sich Franzek. „hab' sich Schwester, ist sie mit Mann verheiratet!"[11]

- Der eingebildete Kranke

Franzek fühlt sich krank und geht deshalb zum Arzt. Nach der ergebnislosen Untersuchung diagnostiziert dieser: „Sie sind so gesund wie ein Pferd." Zynisch verabschiedet sich Franzek: „Nu, dann auf Wiedersehen, Herr Tierarzt!"[12]

- Bloß keine Scheidung!

Franzeks Franzka jammert vor dem Richter: „Mein Mann macht immer nur, was er will! Was ich sage, ist Luft!" Richter: „Also wollen Sie die Scheidung?" Franzka: „Aber bloß das nicht! Nur kleine Strafe! Allein macht erst recht, was er will!" [13]

- Der wahre Scheidungsgrund

Richter: „Wann und wo haben Sie ihre Frau kennengelernt, Herr Kazmarek?" Kazmarek: „Hab' ich gar nicht kennengelernt! Hätte ich ihr gekannt, hätte ich ihr doch nicht geheiratet!" [14]

- Denken kann gefährlich sein!

„Hast du ja dicke Beule am Kopf, Franzek!" - „Nu ja, kommt vom Denken." - „Dummes Zeug, kann man vom Denken keine Beule kriegen!" - Sagst du, Antek, aber kam

---

[11] o.A.: Antek und Franzek (2016), Laumann-Verlag Dülmen, Dülmen
[12] o.A.: Antek und Franzek (2016), Laumann-Verlag Dülmen, Dülmen
[13] o.A.: Antek und Franzek (2016), Laumann-Verlag Dülmen, Dülmen
[14] o.A.: Antek und Franzek (2016), Laumann-Verlag Dülmen, Dülmen

meine Alte schon heute zurück, und ich hab gedacht, kommt sie erst morgen!" [15]

- Kein Glück mit den FrauenFranzek am Stammtisch: „Mit meinen beiden Frauen habe ich Pech gehabt! Die erste lief davon und die zweite - leider nicht!" [16]

- Eine kluge Frau

Die besorgte Mutter fragt ihre Tochter, warum sie den Antek nicht heiraten möchte - er sei schließlich ein gutaussehender und netter Mann. Die Tochter antwortet: „Ja schon, aber er ist ein ungläubiger Mensch und erzählte mir, dass es keine Hölle gebe." Diese Bedenken lässt die Mutter nicht gelten: „Wenn ihr erst mal verheiratet seid, wird er bald *wissen*, dass es eine Hölle gibt!" [17]

- Beamtenbestechung

Antek hat seinen Freund Sefflik lange nicht gesehen. Endlich trifft er ihn wieder. Antek: „wo warst du gewesen so lange?" Sefflik: „War ich im Gefängnis!" Antek: „Im Gefängnis, weswegen?" Sefflik: „Nu, wegen Beamtenbestechung." Antek: „Du. Wegen Beamtenbestechung? Glaubt dir ja kein Mensch! Hast ja gar kein Geld!" Sefflik: „Ja, nicht mit Geld, mit Messer!" [18]

- Die Grenzen der Ideologie

Antek und Franzek kommen 1930 aus einer kommunistischen Wahlversammlung in der „Neuen Welt"

---

[15] o.A.: Antek und Franzek (2016), Laumann-Verlag Dülmen, Dülmen
[16] o.A.: Antek und Franzek (2016), Laumann-Verlag Dülmen, Dülmen
[17] o.A.: Antek und Franzek (2016), Laumann-Verlag Dülmen, Dülmen
[18] o.A.: Antek und Franzek (2016), Laumann-Verlag Dülmen, Dülmen

in Gleiwitz. Antek ist sehr angetan von der Rede Thälmanns, und Franzek prüft seine ideologischen Fortschritte: „Was also würdest du tun, wen du zwei Autos hast?" Antek: „Na klar, kriegst du sofort eins!" Franzek: „Und was tust du, wenn du zwei Villjas hast?" Antek: „Ist doch ebenso. Kriegst du gleich eine Villja ab." Franzek: „Und was tust du, wenn du zwei Schweine hast?" Antek: „Woher weißt du Pieron, dass ich zwei habe?" [19]

- Eine ehrliche Antwort

Der Lehrer fragt den Antek, was ein Heuchler sei. Listig antwortet der Junge: „Wenn Sie unbedingt wissen wollen, Herr Lehrer; ist sich Schüler, der jeden Tag fröhlich zum Unterricht erscheint!" [20]

- Versprechen muss man halten

Antek und Franzek haben mal wieder großen Durst. In einer Kneipe versuchen sie, ihn zu löschen. Antek bemerkt, dass Franzek beim Trinken immer die Augen schießt. „Sag mal, Franzek, was soll das? Wieso hast du jedes Mal, wenn du Schnaps trinkst, die Augen zu?" Franzek antwortet ihm augenzwinkernd: „Na, weil hab' ich versprochen meiner Alten - dass ich nie wieder zu tief ins Glas schauen werde." [21]

- Der Kavalier

Franzek fragt seinen Sohn, was er denn machen würde, wenn er in einer überfüllten Eisenbahn sitze - und eine

---

[19] o.A.: Antek und Franzek (2016), Laumann-Verlag Dülmen, Dülmen
[20] o.A.: Antek und Franzek (2016), Laumann-Verlag Dülmen, Dülmen
[21] o.A.: Antek und Franzek (2016), Laumann-Verlag Dülmen, Dülmen

gebrechliche alte Dame einsteige. „Weiß ich genau, mach' ich es so wie du - würd' ich mich schlafend stellen", erklärt strahlend der Kleine. [22]

- Wahre Liebe

Franzek zu Antek: „Liebst du deine Frau wirklich?" Antek: „O, ich würde sie in den Himmel heben, wenn ich nur wüsste, dass sie oben bleibt!" [23]

- Fünfzig Jahre

Sagt Franzek zu seinem Kumpel: „Was glaubst du, wie alt ich bin?" - „Nu ja, glaub' ich bist du so… fünfzig Jahre alt." Überrascht meint Franzek: „Woher weißt du? Bin ich das wirklich - genau fünfzig Jahre. Nu sag schon, wie hast du so genau erraten?" - „Kann ich dir schon sagen. Wohnt sich bei uns ein Halbidiot - ist *er* genau fünfundzwanzig!" [24]

- Fehldiagnose

Der Arzt: „Ja, lieber Herr Kazmarek, Sie haben Wasser in den Knien!" Kazmarek: „Ausgeschlossen, Herr Doktor, ich trinke nie Wasser - es könnte höchstens was beim Zähneputzen durchgesickert sein!" [25]

- Das Versprechen

Franzek trinkt neuerdings Schnaps aus einem Löffel. Sein Kumpel sieht das, er schüttelt den Kopf und sagt: „Trinkt Schnaps aus einem Löffel - hat sich die Welt noch nicht gesehn!" Franzek erklärt ihm sein merkwürdiges

---

[22] o.A.: Antek und Franzek (2016), Laumann-Verlag Dülmen, Dülmen
[23] o.A.: Antek und Franzek (2016), Laumann-Verlag Dülmen, Dülmen
[24] o.A.: Antek und Franzek (2016), Laumann-Verlag Dülmen, Dülmen
[25] o.A.: Antek und Franzek (2016), Laumann-Verlag Dülmen, Dülmen

Verhalten: „Glaub mir, Antek, geht es nicht anders, weil hab' ich in Beichte versprochen, nie mehr als ein *Glas* Schnaps in die Hand zu nehmen!" [26]

- Der reiche Onkel

Als der reiche Onkel zu Besuch kommt, bringt der kleine Franzek eine Handvoll Gras und fordert den Onkel auf, hineinzubeißen. Der überraschte, aber verständnisvolle Mann erklärt dem Jungen, dass er doch nicht ins Gras beißen könne - wie Franzek denn nur darauf käme! „Nu ja, hat sich doch der Vater gesagt, wenn beißt Onkel Josef ins Gras - werden wir sein sehr reich!" [27]

- Keine leere Versprechung

„Wenn du noch einmal so besoffen wie gestern Abend nach Hause kommst, sprech' ich zwei Monate kein Wort mit dir!" schreit die Sefa ihren Franzek an. Zweifelnd, aber voller Hoffnung kommt die eindringliche Frage: „Kann ich mich darauf wirklich verlassen - ist sich keine leere Versprechung?" [28]

- Die schöne Frau

„Hast du eine schöne Frau geheiratet, Franzek?" „Ja - sehr schön - sieht sie aus wie Muttergottes." - „Woher weißt du?" - „Nu ja, sagen alle Leute, wenn sie Frau sehen: ‚Oh - Maria!'" [29]

---

[26] o.A.: Antek und Franzek (2016), Laumann-Verlag Dülmen, Dülmen
[27] o.A.: Antek und Franzek (2016), Laumann-Verlag Dülmen, Dülmen
[28] o.A.: Antek und Franzek (2016), Laumann-Verlag Dülmen, Dülmen
[29] o.A.: Antek und Franzek (2016), Laumann-Verlag Dülmen, Dülmen

- Ein Gentleman

Antek und Franzek unterhalten sich. „Du, Franzek, war heute Mann, wo hinkt, in Eisenbahn. Hab' ich ihm rausgeholfen." - „Nu ja - und dann?" „Bin ich ‚Dschäntelmän', hat er gesagt." „Pieronie, was ist denn das?" - „Wusst' ich ja auch nicht - hab' ihm deshalb zur Vorsicht vors Maul gehauen!" [30]

- Der Harem

Franzek liest seiner Frau Sefa aus der Zeitung vor, das ein arabischer Scheich einen Harem mit mehreren hundert Frauen besitze. Da zieht ein abschätziges Grinsen über das Gesicht seiner Frau. Sagt Franzek: „Warum grinst du so blöd?" Die Antwort der Frau: „Wärst du so aber schlechter Scheich, Franzek!" [31]

- Zählung überflüssig

Antek und Franzek stehen vor einer Kneipe, in der eine wüste Schlägerei im Gange ist. Antek wölbt die Brust und sagt zu seinem Freund: „Pass auf, Franzek, geh' ich rein und mach' Ordnung. Schmeiß ich alle raus - kannst du sie zählen!" Er geht rein, es wird auch sofort lauter, dann fliegt plötzlich jemand in hohem Bogen vor die Tür. Franzek beginnt zu zählen: „Eins…" - „Lass das, du Tuleja, siehst du denn nicht? Bin doch *ich*!" [32]

---

[30] o.A.: Antek und Franzek (2016), Laumann-Verlag Dülmen, Dülmen
[31] o.A.: Antek und Franzek (2016), Laumann-Verlag Dülmen, Dülmen
[32] o.A.: Antek und Franzek (2016), Laumann-Verlag Dülmen, Dülmen

- Kein Umgang

Franzek sitzt über seinen Hausaufgaben und zitiert den bekannten Spruch des Götz von Berlichingen. Seine Mutter schimpft: „Jesus-Maria, wie kommst du an so schlimmen Spruch?" „Aber Mutter, ist Spruch von Goethe!" „Dann spiel mit anderen Kindern, ist sich Goethe kein Umgang für dich!" [33]

- Das wechselnde Alter

Der Straßenbahnschaffner fragt den kleinen Antek, wie alt er denn sei. Bereitwillig gibt der Knabe Auskunft. „Bin ich zehn Jahre alt für Straßenbahn - muss ich aber in Kneipe Schnaps für mein' Vater kaufen, bin ich schon vierzehn!" [34]

- Ein Geschenk

„Sag mal, Antek, was hast du denn deiner Frau zum Geburtstag geschenkt?" - „Nu ja, ein Stück Seife." - „Was? … Bist du blöd? … Seife?" - „Wieso? … Wollte sie doch haben etwas für Hals oder Arm!" [35]

- Ein begehrter Mensch

Der neue Arbeitgeber fragt den Franzek misstrauisch: „Ich sehe, Sie waren in den letzten zwei Jahren bei sieben Firmen beschäftigt. Wie ist das möglich?" - „Na sehen Sie, wie man sich um mich reißt?" [36]

- Eingesperrt

---

[33] o.A.: Antek und Franzek (2016), Laumann-Verlag Dülmen, Dülmen
[34] o.A.: Antek und Franzek (2016), Laumann-Verlag Dülmen, Dülmen
[35] o.A.: Antek und Franzek (2016), Laumann-Verlag Dülmen, Dülmen
[36] o.A.: Antek und Franzek (2016), Laumann-Verlag Dülmen, Dülmen

Am Wochenende geht Franzek mit seiner Frau in den Tierpark. Sie wandern an vielen Käfigen vorbei. Irgendwann bleibt Sefa stehen und meint mitleidig: „Mein Gott, Franzek, siehst du den armen Löwen? Ist er sein ganzes Leben lang eingesperrt." - „Ja schon", brummt zähneknirschend ihr Mann, „aber darf er immerhin noch brüllen!" [37]

-   Vergebliche Suche!

    Sefflik: „Warum kommst du so spät, Franzek?" Franzek: „Hab' ich geholfen dem Antel, zu finden verlorene fünf Mark." Sefflik: „Nu, und? Hast du Glück gehabt?" Franzek: „Leider nein! Hat Antek selbst gefunden!" [38]

-   Pünktlich geweckt

    Fanzek: „Hat mich heute morgen der Wekker das erstemal pünktlich geweckt." Antek: „Pieronie, wie ist das möglich?" Franzek: „Nu ja, hat meine Alte mir Wecker an Kopf geworfen!" [39]

-   In der Manege

    Franzek ist lange Zeit arbeitslos. Er nimmt in seiner Verzweiflung im Zirkus eine schwierige Arbeit an - soll er doch dem Publikum einen riesengroßen Eisbären vorführen. Vor der ersten Vorstellung kniet er vor dem Käfig nieder und beginnt laut zu beten: „O, lieber Gott,

---

[37] o.A.: Antek und Franzek (2016), Laumann-Verlag Dülmen, Dülmen
[38] o.A.: Antek und Franzek (2016), Laumann-Verlag Dülmen, Dülmen
[39] o.A.: Antek und Franzek (2016), Laumann-Verlag Dülmen, Dülmen

steh mir bei!" Da brummt der Eisbär: „Nu komm schon rein, du Tuleja, bin sich doch Antek!" [40]

- Im Restaurant

Antek und Frantek sitzen in einem Feinschmeckerrestaurant. Als der Ober an ihren Tisch kommt, sagt Franzek: „Möchten wir *dinieren*." Bedauernd hebt der Ober die Schultern. „Tut mir leid, meine Herren, sind sich die Nieren alle!" [41]

- Eine gefährliche Ehe

Franzek hat Probleme mit seiner Sefa. Verständnisvoll meint Antek: „Solltest ihr zeigen Zähne, Franzek!" - „Hab' ich das schon gemacht, Antek!" - „Na, und jetzt?" - „Pieronie, jetzt fehlen mir drei!" [42]

- Der bibelfeste Busfahrer

Franzek tritt an die Tür des Busses und fragt leutselig den Busfahrer: „Na, ist sich Arche Noah voll?" Mit beißendem Spott antwortet der Busfahrer: „Nein, fehlt sich noch ein Esel!" [43]

- Eifersucht

Franzek entdeckt am Hals seiner Sefa eine teure Halskette. Eifersüchtig faucht er sie an: „Woher hast du diese Kette,

---

[40] o.A.: Antek und Franzek (2016), Laumann-Verlag Dülmen, Dülmen

[41] o.A.: Antek und Franzek (2016), Laumann-Verlag Dülmen, Dülmen

[42] o.A.: Antek und Franzek (2016), Laumann-Verlag Dülmen, Dülmen

[43] o.A.: Antek und Franzek (2016), Laumann-Verlag Dülmen, Dülmen

Sefa?" - „War sich auf Rücksitz von deinem Auto, du Mistkerl!" [44]

In Schlesien gibt es auch viele traditionelle Sprichwörter. Auch diese möchte ich kurz auflisten:

- „Su lange inser Herrgott nimmt, nahm ich wieder!" soate Honnfriede. Do noam a's vierte Weib. [45]
- „Voater", soate derr Junge, „mir kennta zosomma laba wie Brieder, wenn du dir doas Priegeln obgeweh'n kinnt'st." [46]
- „Kupp-orbeet strengt oa." Do zog derr Uckse's irschte Moal an Pflug. [47]
- „Wenn dan drr Teifel ne hult, zuwoas ies a dann dooo?" soate derr Pauer vu semm' Ufkoata (Advokaten)?" [48]
- „Derr liebe Herrgott wohnt au eim Kaller" soate der Kerchvoater, wie a zum Weine ging. [49]
- Warum ies a Hoan uff'm Kerchturme? Wenn's a Henne wär, müßte der Kanter jeden Murgen nuff giehn und die Eer runder huln. [50]
- „Bei mir muß olles reene sein" soate der Pauer. Doo zug a de Kotze aus'm Milcheemer und strich se dr'ieber ob. [51]
- Wenns zu Trippeln oafängt, koan jeder Raan profezein. [52]

---

[44] o.A.: Antek und Franzek (2016), Laumann-Verlag Dülmen, Dülmen
[45] www.mattern-online.info/schlesien2/html/sprichworter.html
[46] www.mattern-online.info/schlesien2/html/sprichworter.html
[47] www.mattern-online.info/schlesien2/html/sprichworter.html
[48] www.mattern-online.info/schlesien2/html/sprichworter.html
[49] www.mattern-online.info/schlesien2/html/sprichworter.html
[50] www.mattern-online.info/schlesien2/html/sprichworter.html
[51] www.mattern-online.info/schlesien2/html/sprichworter.html

- War's mit dam zu tun kriegt, hott a Fiesch oam Schwanze gepackt. [53]
- Hoan de Jumpfern'n stachlige Haut, doo blein se Jumpfern und warn keene Braut. [54]
- War'ne Ziege ei'm Hause hoot, muß au leida, doaß dar buck durch's Fanster guckt. [55]

---

[52] www.mattern-online.info/schlesien2/html/sprichworter.html
[53] www.mattern-online.info/schlesien2/html/sprichworter.html
[54] www.mattern-online.info/schlesien2/html/sprichworter.html
[55] www.mattern-online.info/schlesien2/html/sprichworter.html

8. WER WAR GERTRUD?

Geboren am 12.6.1924 in einem Dorf bei Neustadt in Oberschlesien, Tochter einer Bauernfamilie mit sechs Kindern, war sie die Jüngste und damit das Nesthäkchen der Familie. Ihr Vater, der der Zentrumspartei angehörte, war zeitweise Bürgermeister des Dorfes. Ihre Familie gehörte zu den reicheren Bauern im Dorf. Ihre Mutter war streng gläubig, ihr Vater war dagegen eher von weicher und progressiver Natur. Sie hatte viele Onkel und Tanten und überhaupt eine große Verwandtschaft. Davon war eine berühmte Tante Oberin im Breslauer Kloster. In der Familie gab es neben den Eltern die vier Mädchen und ihre zwei Brüder. Ihr Bauernhof wurde in den dreißiger Jahren modernisiert und mit Strom- und Wasserleitungen ausgestattet. Ihr Bruder „Franz" wollte noch mehr Bereiche modernisieren, starb jedoch in den ersten Tagen des Kriegs und konnte dies deshalb nie verwirklichen. Ihr zweiter Bruder wurde, nach längerer Ausbildung, nach dem Krieg zum Ingenieur und wanderte in die Vereinigten Staaten aus. Es wurde berichtet, dass die Kindheit meiner Schwiegermutter und ihrer Geschwister bis zum Kriegsbeginn sehr unbeschwert gewesen ist, denn es bestand im Dorf eine gesunde dörfliche Gemeinschaft, die große Feste und Hochzeiten veranstaltete. Ihre sozial orientierte Einstellung wurde ihr von Kindesbeinen an mitgegeben, denn im Dorf hat man den Armen immer Speisen ausgeteilt oder sie wenn möglich anderweitig versorgt und an den Festen beteiligt.

Die Familie war außerdem Lieferant für die Familie Fränkel, welche jüdische Fabrikbesitzer waren (in der Kreisstadt Neustadt). Sie haben insbesondere die Familie Fränkel mit Milch, Fleisch und Eiern versorgt und hatten vor der Familie den höchsten Respekt. In der Stadt wurden zweimal im Jahr alle Mädchen der Familie erstklassig neu eingekleidet, was für die damalige Zeit nur gut begüterten Familien möglich war.

Bei Kriegsausbruch war meine Schwiegermutter gerade fünfzehn Jahre alt und hatte erst vor kurzem die Schule beendet. Sie musste dann mit ihrer älteren Schwester den Hof bewirtschaften, was für sie schwere Arbeit bedeutete. Trotzdem hat sie zusammen mit ihrer Schwester den Hof weiterhin bewirtschaftet. Die beiden ältesten Schwestern waren schon verheiratet und hatten eigene Familien. Die Brüder waren bereits bei der Armee eingezogen worden und selbst der Schwager, der Mann der älteren Schwester, musste damals in den Krieg ziehen. Mitte 1945 kam die Kriegsfront immer näher und die erste Flucht in Richtung Westen war notwendig. Dabei starb ihre Mutter an einer schweren Lungenentzündung und wurde in einem Dorf auf dem Weg begraben - bis heute wurde das Grab nie wiedergefunden. Zuvor waren russische Soldaten ins Heimatdorf eingedrungen.

Vergewaltigungen und Mord an den Einwohnern des Dorfes sind vorgekommen. Ihre Mutter versteckte die beiden Töchter und verschaffte ihnen hierdurch die Rettung. Ob sie und ihre Schwestern vergewaltigt worden sind, bleibt ein Geheimnis. Nach dem Tod der Mutter ging die Familie noch einmal zurück, um dort auf ihrem Bauernhof zu leben. Dies war den beiden Töchtern und dem alten Vater möglich, jedoch nur bis zum Einmarsch von Polen, die selbst aus Ostpolen vertrieben worden waren und die ihren Hof und den gesamten Besitz übernahmen. Die Töchter und der Vater lebten dann bis zur endgültigen Vertreibung in 1946 als Knechte auf ihrem eigenen Hof.

Meine Schwiegermutter hatte eine sehr schöne Stimme und sang gerne im Kirchenchor. Ihre Träume konnte sie nie verwirklichen, aufgrund der Vertreibung, und ich bin mir sicher, dass sie von einer Karriere als Sängerin (insbesondere mit kirchlichen Liedern) geträumt hat.

Ihr Ehemann „Franz" ist auch in Leuber geboren, wo die beiden sich kennenlernten. Er war glaube ich ihre große Liebe. Nur ihre Mutter war von der Familie nicht begeistert, weil sie ärmer waren als sie selbst.

Die Vertreibung im Jahre 1946, die teilweise zu Fuß mit einer Wanne voll Habseligkeiten, die meine Schwiegermutter zog, erfolgte, bedeutete für die Familie, dass sie alles andere stehen lassen musste.

In Friedland, wo sie zusammen mit ihrem Vater, ihren Schwestern sowie den dazugehörigen Ehemännern und Kindern ankam, wurde sie in einem Dorf bei Hildesheim bei einem Bauern einquartiert. Sie wurde dort zu schwerer Arbeit auf den Feldern verpflichtet. Meine Schwiegermutter ging dann als Kindermädchen nach Erkelenz an der holländischen Grenze und wurde dort bei einem Schuhfabrikanten einquartiert. Dort gefiel ihr das Leben sehr gut. Auch wurden ihr Mann Franz und sie in dieser Zeit ein Paar. Er wurde mit seinen Eltern und zwei seiner Brüder im Sauerland einquartiert. Er hätte sogar einen Bauernhof in Erkelenz übernehmen können, lehnte jedoch ab. Ich glaube, er rechnete fest mit einer Rückkehr nach Hause. Er wollte aber eine Zeit später nun doch im Sauerland bleiben und heiratete am 23.11.1949 meine Schwiegermutter. Bei der Übersiedlung in die kleine Stadt wurde ihm ein Zimmer bei einer Familie zugewiesen. Als die erste Tochter am 25.3.1951 zur Welt kam, wurde ihm dann ein zweites Zimmer zugeteilt, jedoch hatten beide Zimmer weder eine Heizung noch fließend Wasser. Die Schwiegermutter nahm, um das Einkommen der Familie zu verbessern, Heimarbeit von der Strumpffabrik an. Der Ehemann selber wurde schließlich auch Mitarbeiter dieser Firma. Er sang aber in seiner Freizeit auch im Kirchenchor, während Gertrud mit dem Kind zu Hause blieb. Seine zweite Tochter, meine Frau, wurde am 9.4.1954 geboren und wäre fast an einer Lungenentzündung gestorben, insbesondere wegen der Wohnverhältnisse und der ärztlichen Versorgung.

Meine Schwiegermutter hielt es im Sauerland nicht lange aus, denn der Konflikt mit ihren Schwiegereltern, Schwägerinnen und Schwägern sowie Tante und Vater nahm stets zu. Sie zwang ihren Mann, mit seinem Anteil an dem Lastenausgleich, den damals Vertriebene unter anderem für den Verlust von Eigentum durch den Krieg und die Vertreibung in Deutschland erhielten, ein Siedlerhaus zu übernehmen.

Sie war sehr hart sich selbst gegenüber und gönnte sich trotz Krankheiten wie einer Venenentzündung, Krampfadern und körperlichen Folgeschäden ihrer schweren Arbeit keine Ruhe. Die dritte Tochter kam am 29.8.1958 zur Welt, für meine Schwiegermutter eine relativ schwere Geburt. Die vierte Tochter folgte zwei Jahre später, sie kam am 24.12.1960 zur Welt, ebenso eine schwierige Geburt. In dieser Zeit waren die Venenentzündungen meiner Schwiegermutter zudem gravierender geworden.

Während der gesamten Jahre der Erziehung der Kinder hat sich meine Schwiegermutter stets darum bemüht, durch Gartenarbeit zum Lebensunterhalt der Familie beizutragen. Ihr Haus hatte einen Garten und ein anliegendes Feld. Dort hat sie durchgängig die notwendigen Gemüse- und Obstsorten gepflanzt und das Ackerland bestellt. Hühner und Schweine wurden selbstverständlich auch gehalten. Ihr wesentliches Vergnügen bestand vor allem in den sonntäglichen Kirchengängen, der Marienandacht im Mai, den Treffen des Müttervereins sowie hin und wieder mal Wallfahrten und Schlesiertreffen. Die wenigen Reisen die stattfanden, waren zu den Verwandten für Geburtstage, Hochzeiten und Beerdigungen. Urlaubsreisen gab es nicht, denn sie hatten weder ein Auto noch den erforderlichen Führerschein. Die Einkäufe für Möbel und sonstiges wurden bei „Quelle" bestellt oder wurden aus Köln in den öffentlichen Bussen sehr mühsam nach Hause transportiert. Die Hausarbeit war angesichts des ständigen Sparzwangs der Familie unwahrscheinlich mühsam, denn Wäsche wurde mit der Hand oder mit dem Waschkessel aus den Vorkriegsjahren gewaschen.

Bilder zeigen meine Schwiegermutter als sehr schöne junge Frau, die laut Aussage sehr temperamentvoll und stolz war. Ihre Stimme und ihr Gesang in der Kirche waren legendär, jedoch die schweren Jahre seit dem Krieg, der Vertreibung und des Neuanfangs die bis ca. Ende der 1970er Jahre reichten, haben ihren Tribut gefordert. Sie hat sich völlig vernachlässigt und zurückgestellt, ohne jemals zu klagen. In all diesen Jahren war sie für ihre Kinder und ihren Ehemann ein Fels in der Brandung. Sie war stets stolz auf ihre Herkunft (Bauerntochter aus Leuber), konnte aber äußert störrisch und eigensinnig sein. Ihr Motto lautete: „Immer weitermachen!", komme was wolle. Erstaunlicherweise waren ihre Mutter, ihre Tanten und ihre Schwestern wohl sehr charakterstarke Frauen und die Männer, im Gegensatz dazu, eher weich und schwach. Dies traf sogar auf ihren Ehemann zu, der eher ängstlich war.

Ihre Töchter hat sie zur Eigenständigkeit erzogen und auf gute Ausbildung geachtet. Alle Töchter haben von ihr den Stolz und die Stärke geerbt und auch die Haltung, dass es immer weiter gehen muss.

9. GESCHICHTE UND VERTREIBUNG

Am 1. September 1939 war Gertrud erst 15 Jahre alt. Ihr ältester Bruder war eingezogen worden, daher mussten alle Mädchen zusammen das Land bewirtschaften. Ich frage mich, wie sie das Aufkommen des Nationalsozialismus erlebt hat und vor allem wie sie, gerade aus einem Haus der Zentrumspartei, das Aufkommen des Nationalsozialismus und Hitler empfunden haben muss. Ihr Vater war außerdem zeitweise Bürgermeister des Dorfes. Da das Haus und die Familie an der Zentrumspartei orientiert waren, musste man mit Repressalien rechnen. Insoweit kann man mit gutem Gewissen sagen, dass das Zuhause eher eine kritische Haltungen gegenüber den Nazis hatte.

Da sie das Nesthäkchen war, wurde sie anscheinend mehr verwöhnt als die anderen Kinder. Entgegen der Aussage, dass Männer in der Familie eher schwächer als die Frauen waren, muss ihr Vater eine starke Persönlichkeit gewesen sein. Mit Aufkommen des Krieges mussten damals die Heranwachsenden sehr schnell erwachsen werden. Somit wurde ihr und ihrer Generation die Jugend gestohlen. Vorausschickend müssen wir noch einmal auf die Familie eingehen.

Gertruds Eltern waren ihre Mutter Emilie, geboren am 20.10.1881 in Kreschendorf (Kreis Leuber) und gestorben am 28.4.1954 in Kleinstrelitz, während der Flucht an Lungenentzündung. Der Vater Paul, geboren am 5.5.1878 in

Leuber und am 20.9.1952 bei Hildesheim an einer Herzerkrankung gestorben. Ihre Geschwister waren Maria (geboren am 23.1.1910 und gestorben am 26.4.1997), ihre Schwester Magdalene (geboren am 25.3.1911 und gestorben am 4.7.2005) und ihre Schwester Annie, geboren am 4.12.1920 und gestorben am 10.5.2009. Zudem gab es ihren Bruder Franz, geboren am 2.7.1913 und am 5.10.1942 in Charkiw/Ukraine gestorben, und ihren Bruder Paul, geboren am 13.11.1914 und gestorben am 26.2.2010 in Southampton, USA. Es ist zu erwähnen, dass der Besitz von Eigentum und insbesondere Land und die deutsche Sprache der Schlesier erst in der zweiten Hälfte des 19. Jahrhundert gewährt worden ist. Davor waren die Familien der deutschen Schlesier lediglich Tagelöhner. Erst mit der Möglichkeit, Besitz zu erwerben, konnte sich langsam ein gewisser Wohlstand in der Familie entwickeln. Bis 1920 wurde Bescheidenheit sehr groß geschrieben und besondere Reichtümer kamen nie zustande. Die Familie von Gertrud galt jedoch Ende der zwanziger Jahre schon als reiche Bauernfamilie. In diesen Verwirrungen Ende des 19. Jahrhundert und Beginn des 20. Jahrhundert, inklusive die Problematik der Teilung von Schlesien und der Besitzwechsel zwischen Polen und Deutschland, wurden die Kinder einer strengen Erziehung unterzogen und man lehrte die Kinder das sparsame Verhalten, was Gertrud in späteren Lebensabschnitten zugutekam. Mit dem Beginn des Kriegs und dem Verlust des ältesten Bruders, der bereits 1942 fiel, wurde eine Wende eingeleitet, die Gertrud möglicherweise ihr Leben lang geprägt hat.

Es darf nicht vergessen werden, dass in der oberschlesischen Dorflandschaft Religion und Kirchen eine maßgebende Rolle gespielt haben. Die Kirche und die damalige Auslegung der Religion gaben den Menschen während der letzten zweihundert Jahre einen sehr wichtigen Halt. Deswegen waren die Sonntagsbesuche der Kirche für die ganze Familie mehr als ein Pflichtbesuch und der Priester nahm in Leuber eine übermächtige Rolle ein, insbesondere in der Zeit des Krieges. Obwohl die Nazipropaganda jeglichen Versuch unternahm, nicht nur die Köpfe der Menschen, sondern auch ihre Herzen einzunehmen, stießen sie bei sehr vielen Oberschlesiern und höchstwahrscheinlich auch bei Gertruds Familie auf einen sturen und unausgesprochenen Widerstand. Der Tod des Bruders und die Sinnlosigkeit des Krieges waren diesen Bauern durchaus bewusst. Ihre Würde und ihr Stolz lagen im Besitz des Bodens und in der Freiheit, diesen zu bearbeiten. Entgegen dem allgemein verbreiteten Glauben, dass Bauern während dieser Zeit zugeteilte Arbeiter erhielten, musste die Familie Gertruds allein den Hof bewirtschaften. Der zweite Bruder wurde nicht eingezogen, sondern konnte seine Ausbildung fortführen. Daher mussten die zwei unverheirateten Mädchen den Hof allein mit den alten Eltern bewirtschaften. Gertruds älteste Schwester war schon ausgezogen, ihre andere Schwester, die bereits verheiratet war, wohnte schon nicht mehr zu Hause. Das hieß der Hof musste von der Mutter, den zwei Mädchen und nach dem Tod der Mutter mit dem Vater bewirtschaftet werden, was eine große Anstrengung darstellte. Während und zum Ende des

Krieges hin konnte angesichts der nahen Front von einem friedlichen Leben keine Rede sein.

Es ist festzuhalten, dass zu Hause bis Ende des Krieges schwere Zeiten herrschten, entgegen der verbreiteten Meinung, dass während des Krieges die Bauern und Bauernhöfe verschont blieben und ein relativ glückliches Leben führen konnten. Mit dem Aufmarsch der Roten Armee und dem sich anbahnenden Verlust des Krieges, wurde ein Martyrium ausgelöst. So musste die Familie zuerst, aufgrund der näherkommenden Kriegsgeschehnisse flüchten, während der Flucht kam die Mutter von Gertrud am 29.4.1945 in einem oberschlesischen Dorf an den Folgen einer Lungenentzündung ums Leben. Ihr Grab wurde nach dem Krieg und bei den ersten Besuchen der alten Heimat nie wieder gefunden.

Nach Beendigung des Kriegsgeschehens ist die Familie auf den Hof zurückgekehrt, bis sie 1946 aus dem Hof vertrieben wurde. Die Vertreibung aus ihrem Zuhause muss die Hölle gewesen sein. Beschimpft und ausgelacht mussten sie nur das Nötigste binnen weniger Stunden nehmen und in den Westen weiterziehen. Ziele waren nicht bekannt, das heißt man wusste nicht wo man hinging, ob man zu Essen oder zu Trinken bekam - es ging nur in diesem endlosen Treck Richtung Westen, große Strecken zu Fuß. Sie hatten weder Pferde noch Kühe, die das Nötigste hätten tragen können. Sie mussten alles selbst schleppen, mit einem einzigen Paar Schuhe bekleidet. Bedenkt man die Entfernung von Leuber bis Friedland, über 620 Kilometer, und bedenkt man zudem, dass Gertrud zu diesem Zeitpunkt erst 22 Jahre alt war, so hat man eine Vorstellung davon, welche Strapazen mit dieser Flucht verbunden waren, trotz der Möglichkeit einen Teil der Strecke mit dem Zug zurückzulegen. Man aß was man auf dem Treck hatte oder was man von den Soldaten oder großzügigen Bauern erhielt. Geschlafen hat man neben der Straße in der Angst, vergewaltigt zu werden. Ob sexuelle Übergriffe, sei es von russischen oder polnischen Soldaten, dem polnischem Freikorps oder von sonstigen Banditen gegeben hat, ist nicht bekannt. Ich bin mir sicher, dass die dort durchlebten negativen Erlebnisse Gertrud ein Leben lang geprägt haben müssen und ihr sehnlichster Wunsch war, eine halbwegs vernünftige Stelle zu finden.

Endlich nach dem Erreichen von Friedland und sich zumindest halbwegs in Sicherheit befindend, wurde sie von Niedersachsen nach Erkelenz verlegt. Sie fand bei einem Schuhfabrikanten eine vorübergehende Stelle, die sie wieder psychisch aufmunterte, denn dieser Arbeitgeber hat sich ihr gegenüber vorbildlich verhalten. Während dieser Zeit half ihr stets ihr fester christlicher Glauben und ich bin mir sicher, dass in Zeiten der Verzweiflung ihr stets Glauben und Beten geholfen haben. Zudem kamen ihr ihre relativ stabilen Charakterzüge sowie ihre, auf ihre Art, starken Persönlichkeitselemente zu Hilfe. Der Schuhfabrikant hatte die damalige Möglichkeit, für den damaligen Bräutigam und zukünftigen Ehemann, der in seiner Heimat auch Bauer war, eine kostenlose Hofübernahme zu arrangieren, was der Bräutigam Franz, gegen den Willen von Gertrud, ablehnte. So musste sie ein zweites Mal nach Niedersachsen zurückkehren, um ihren Franz zu heiraten. Nach der Heirat am 23.November 1949 zog sie mit ihrem Mann ins Sauerland. Er übernahm eine Tätigkeit bei der ortansässigen Strumpffabrik, woraufhin sie es ihm später gleichtat.

So war die Vertreibung von Gertrud aus ihrem geliebten Oberschlesien.

10. WIE WAR GERTRUD - ALS TOCHTER, EHEFRAU, MUTTER

Gertrud heiratete Franz am 23.11.1949. Sie musste auch innerhalb der Familie der stärkere Partner sein, denn Franz, obwohl er ein Bauerssohn war, war ängstlich und nicht besonders entscheidungsfreudig. Er war sehr misstrauisch und hat die neue Heimat von Grund auf abgelehnt. Er hat die Arbeit in der Fabrik abgelehnt. Er sah sich immer als Bauer auf seinen Feldern und seine Heimat als verlorenes Paradies an. Er hat immer geglaubt, dass er an irgendeinem Tag wieder nach Hause zurückkehren könnte und hasste von Grund auf alles, was polnisch war. Er sah sich als „Ureinwohner" von Schlesien - selbst dann, als ich ihm mithilfe der Kirchenarchive nachgewiesen habe, dass sein Familienstamm eigentlich aus Augsburg entstammte und im 13. Jahrhundert Waffen- und Wappenrecht erhielten, um die Christianisierung in Europa voranzutreiben. Franz war außerdem ein sehr nachgrübelnder Mensch. Er konnte sich nur unter seinesgleichen wohlfühlen, was in der kleinen Stadt im Sauerland der Fall war. Die Familie wuchs mit der ersten Tochter, geboren am 25.3.1951, sowie der zweiten Tochter, geboren am 29.4.1954. Die Wohnverhältnisse waren äußerst beschränkt, denn es war ja nur ein Zimmer da. Während dieser Zeit hat sich Franz insoweit wohlgefühlt, als dass er sich mit der Kirchengemeinde und anderen Vertriebenen traf und gesellig war. Während dieser Zeit hatte Gertrud sehr starke Probleme mit ihrer Schwägerin. Zuvor muss man die Familie des Franz erklären.

Franz hat seine Mutter relativ jung verloren und hatte einen älteren und einen jüngeren Bruder. Sein Vater hat danach wieder geheiratet und so erhielt Franz einen Halbbruder. Dieser Halbbruder wurde niemals voll von der Familie angenommen. Franz August war der Vater von Franz, der Anfang der 1960er im Sauerlandstarb. Seine zweite Frau Elisabeth wurde nie voll von der Familie akzeptiert und starb auch in den 1960er Jahren.

Die Familienverhältnisse haben Gertrud wegen der ständigen Streitereien mit ihren Schwägerinnen und ihrer „Schwiegermutter" so zugesetzt, dass sie Franz ein Ultimatum stellte und ihn dazu zwang, sich nach Erhalt des Lastenausgleichs in einer Siedlung im Oberbergischen einzukaufen. Sie hatte sich zudem in dem engen Sauerland nie heimisch gefühlt und vermisste die Weiter ihrer Heimat.

Wie war Gertrud als Ehefrau?

Nach meiner Kenntnis und meinen Recherchen nach, war Gertrud eine sehr gute Ehefrau, denn sie musste ihre Familie weiterentwickeln, trotz des Albtraums des Verlustes der Heimat, der bei Franz ständig präsent war und das Leben der Familie geprägt hat. Sie musste vor allem auch den unausgesprochenen Vorwurf ertragen, dass keine Söhne geboren wurden, und bekam diesen Umstand ständig von

Franz zu spüren. Zudem hat Franz nach meinem Empfinden ihr nie verziehen, dass sie ihn gezwungen hat, ins Bergische Land „zu gehen", denn er persönlich hat nie diesen Ort und diese Siedlung angenommen und schon gar nicht die Arbeit bei der Papierfabrik. Insbesondere die sogenannten „Wechselschichten" haben ihm in fortgeschrittenem Alter sehr zugesetzt. Im Herzen war er jedoch ein Bauer mit vielen Widersprüchen, denn bevor die Übersiedlung ins Sauerland geschah hätte Franz nun mal die Chance gehabt, einen Bauernhof an der holländischen Grenze zu übernehmen. Gertrud fühlte sich auch in ihrem neuen Haus wie eine Bäuerin, die sich die ganze Woche über um die Kinder, den Garten, die Hühner, die Eier und um die Schweine zu kümmern hatte. Die Gartenarbeit diente konkret dazu, mit zum Lebensunterhalt der Familie beizutragen. Insoweit hat Gertrud trotz mancher Gebrechen die Zähne zusammengebissen und ihre Pflicht getan. Mag sein, dass sie nicht die perfekte Hausfrau war; dies kann man ihr, angesichts der finanziellen Einschränkungen der Familie, aber nicht zum Vorwurf machen. Sie hat aber ihr Haus sauber gehalten, die Kinder waren stets anständig gekleidet (in den frühen Jahren musste sie selbst viel nähen) und sie hat das Prinzip der Sparsamkeit nie verlernt. Insoweit war sie eine gute Ehefrau, deren einzige Freizeitbeschäftigung das Singen im Kirchenchor oder die Treffen im Mütterverein war.

Die Liebe Gertruds zu ihrem Mann habe ich während der schwierigen Krankheit von Franz erlebt. Sie wollte am Anfang nicht einsehen, dass ihr Mann Nierenkrebs hatte. Erst nach einer richtigen Aussprache mit den behandelten Ärzten konnte sie sich dies klarmachen. Ich glaube, dass sie panische Angst vor dem zu erwartenden Verlust hatte. Sie hat sich nach dem Tod ihres Mannes an das Versprechen, das Haus bis zum Schluss nicht zu veräußern, verpflichtet gefühlt. Sie war ganz allein im Haus, nur ab und zu mal kamen die Kinder zu Besuch, und als 70- und 80-Jährige war diese Verpflichtung mehr als eine Bürde, die sie ohne Beschwerden oder Murren getragen hat.

Wie war Gertrud als Mutter?

Ich kann nur ab den Jahren 1973 berichten, wo sie schon Ende 40 war. Was ich erlebt habe war, dass sie stets bemüht war, dass ihre Töchter nicht auf die schiefe Bahn gerieten. Mag sein, dass sie manchmal ungerecht und grob zu manchen ihrer Töchter war, sie hat sich aber trotzdem alle Mühe gegeben, gewisse Werte an ihre Töchter weiterzugeben. Selbst dann, als sie für die Mädchen in der Pubertät als äußert konservativ und bigott erschien, war sie in meinen Augen nur bemüht, die „Sexfalle" so gering wie möglich zu halten. Daher waren Kosmetikprodukte (Schminkzeug) und kurze Röcke (man muss bedenken, dass dies in den wichtigen Jahren der Frauenemanzipation war) bei ihr verpönt. Angesichts der damaligen ultrakonservativen Einstellung der katholischen Kirche durfte man sich über dies nicht wundern. Letztendlich, und davon bin ich überzeugt, liebte sie ihre Kinder und ihren Mann auf ihre Art abgöttisch. Selbst für uns als

Schwiegersöhne, die nach einer gewissen Zeit angenommen wurden, hat sich Gertrud zu einer Ersatzmutter entwickelt, die mit ihrer schlesischen und herzlichen Art (der gut gedeckte Tisch) immer gesorgt hat.

11. ÜBERLEBENSWILLE UND STÄRKE - IMMER WEITERMACHEN

Ich habe Gertrud im Jahr 1973 kennengelernt. Ich habe mich gefragt: „Wie kann ein Bauernmädchen mit lediglich einem Volkschulabschluss, die vertrieben ist und im Krieg Leid erlebt hat, sich in relativ kurzer Zeit einen relativ stabilen Lebensstandard aufbauen? Ich bin fest davon überzeugt, dass sie die Härte gegenüber sich selbst als oberste Maxime in ihrem Leben festgelegt hat. Der feste Willen zu Überleben sowie jegliche Schwierigkeiten zu überwinden, auch wenn ihr Umfeld nicht gerade positiv gestaltet war, zeigen für mich Elemente einer starken Persönlichkeit. Der ständige und tagtägliche Kampf ums Überleben, der ihr relativ jung beigebracht worden ist angesichts des Krieges und dem Verlust des Bruders und der Mutter, sowie die tagtägliche Lebensgefahr während der Flucht, haben sie bis an ihr Lebensende geprägt. Gleichzeitig sah sie sich mit einem schwachen Mann, der die Liebe ihres Lebens war, der jedoch auch sehr oft jammerte, konfrontiert.

In den 44 Jahren die ich sie gekannt habe, habe ich sie kaum jammern hören, selbst dann, als der Beginn der Demenz festgestellt worden war. Sie hat sich auch dann berappelt und stets nach dem Motto „Immer weitermachen, immer kämpfen" gelebt. Es muss für sie unerträglich gewesen sein, als der Familienrat beschloss, sie in ein Pflegeheim zu stecken. Ich persönlich war nie mit dieser Lösung zufrieden, denn ich lehne aus Prinzip Altersheime als „Abstellkammer" ab. Ich glaube nicht, dass sie sich jemals in den letzten sechs Jahren ihres Lebens in diesem Heim wohlgefühlt hat, auch wenn sie zum Schluss nicht mehr kommunizieren konnte und sehr oft irgendwie in einer anderen Welt war. Ich bin der festen Überzeugung, dass sie der Familie nie verziehen hätte, wenn sie bei vollem Bewusstsein gewesen wäre. Insbesondere glaube ich, dass für sie die „gebrochene" Verpflichtung an ihren Mann, das Haus nie zu verkaufen, unerträglich war. Ich weiß nicht, ob sie noch bewusst wahrgenommen hat, dass das Haus verkauft worden ist.

Betrachtet man, dass aus einer ganz einfachen Bauernfrau mit einem Volksschulabschluss vier Mädchen entstammen, die relativ gut situiert sind und die alle eine Berufsausbildung oder ein Studium absolviert haben und die beruflich erfolgreich waren, sowie Enkel und Enkelinnen die ihrer Familie Stolz bereiten, so kann man diese Frau vielleicht im Ansatz würdigen.

12. TRADITION UND GLAUBEN- HALT UND ORIENTIERUNG

Angesichts des schweren Schicksals, das Gertrud während des Krieges durch ihre Vertreibung, den Verlust ihrer Heimat, von Hab und Gut sowie der Zerstreuung der gesamten Familie und der Freunde (sie hat sich in ihrem neuen Zuhause kaum Freunde neu erschlossen) sowie das tagtägliche Kämpfen ums Überleben erlebt hat, ist es nicht verwunderlich, dass sie in ihrem Leben irgendwo Halt finden musste. Auch ihre Immobilität, das heißt jede Reise - so klein sie auch sei, selbst nach Köln um die Bekleidung für alle ihre vier Kinder und ihren Mann zu besorgen - müssen für die Frau angesichts von Beinproblemen eine Tortur gewesen sein. Gleichzeitig hat sie stets seelische Zuflucht in ihrem Glauben gefunden und vor allem in bestimmten Auslegungen des Glaubens, die ihr den nötigen Halt gegeben haben. Auch wenn manche sogenannte „Aufgeklärte" sich über den Glauben amüsieren, so muss man verstehen, dass mich dies stets beeindruckt hat, obwohl ich kein gläubiger Mensch bin. Die Einfachheit, zwischen Gut und Böse zu unterscheiden und die innere Sicherheit, dass dies im Einklang mit dem Glauben und der Kirche war, haben mich stets beeindruckt.

Eine ihrer größten Auslandsreisen, außer dreimal nach Hause, also nach Oberschlesien, war mit mir nach Südfrankreich, wo ich ein Haus in der Nähe der spanischen Grenze habe. Anlässlich einer dieser Reisen war Gertrud mit mir nach Lourdes gefahren. Ich habe sie selten so glücklich gesehen, obwohl während dieser Zeit ihr Mann an fortgeschrittenem Nierenkrebs erkrankt war. Die Art, wie sie dort gebetet hat und den Ausdruck in ihrem Gesicht konnte man einfach nicht übersehen. Nach dem Tod ihres Mannes war sie irgendwie geistig befreit und plötzlich war sie politisch mitteilsam und äußert kritisch gegenüber manchen Entwicklungen in der Gesellschaft. Ich war sehr erstaunt, wie sie manchmal politisch argumentieren konnte, insbesondere gegen das Aufkommen von nationalsozialistischen Parteien. Sie hat sich langsam immer mehr als Mensch der Zentrumspartei angesehen.

13. TRÄUME / SEHNSÜCHTE - WAS WISSEN WIR DAVON?

Als ich mich gefragt habe, welche Träume und Sehnsüchte Gertrud wohl haben konnte, bin ich gleich ins Grübeln gekommen, denn ich bin fest davon überzeugt, dass ihre Sehnsüchte und Träume stets zurückgestellt wurden, zu Gunsten ihres Mannes und der Familie. Ich kann mir sehr gut vorstellen, dass Gertrud sehr gerne gereist wäre, denn sie war auf ihre Art wissbegierig und gesellig. Ich bin fest davon überzeugt, dass sie sich nach einer besseren Ausbildung und nach einer guten Berufsausbildung gesehnt hat. Sie hat ihre Rolle als Mutter sehr ernst genommen und dafür auf alle ihre Sehnsüchte verzichtet. Ich bin zudem der Überzeugung, dass sie nach der Pensionierung ihres Mannes sehr gerne und oft Reisen mit ihm unternommen hätte. Franz war entgegen aller Aussagen nie so reisefreudig, wie es sehr oft von der Familie dargestellt wurde. Ich weiß dass sie bereut hat, nicht mehr Reisen mit ihrem Mann unternommen zu haben.

Ich bin fest überzeugt, dass sie sehr gerne klassische Musik gehört hätte und ich bin mir sehr sicher, dass sie gern an strittigen Themen informiert und darüber gesprochen hätte. Insoweit entsprach Gertrud nicht dem Bild einer Durchschnittsbäuerin.

14. *VERZICHT AUF SELBSTVERWIRKLICHUNG*

Betrachtet man das Leben von Gertrud und Franz, so muss man feststellen, dass das Verbrechen Hitlers nicht nur gegenüber anderen Völkern unbeschreiblich ist, sondern auch gegenüber dem eigenen Volk. Bedenkt man das friedliche Bild von Leuber - und so habe ich dieses Dorf in Oberschlesien erlebt - und bedenkt man die stabilen Strukturen dieses Dorflebens in der Nähe einer relativ großen Stadt (Neustadt), so muss man zur Ansicht kommen, dass die ersten 18 Jahren im Leben dieses Mädchens aus einer relativ gutbäuerlichen Familie sorgenlos waren. Erst mit Beginn des Krieges und während des Krieges zwang man diese 18-Jährige, auf jegliche Selbstverwirklichungspläne zu verzichten.

Nach der Vertreibung und der Ankunft in Niedersachsen und im Rheinland, waren die Neuankömmlinge als Fremde angesehen und wurden schon gar nicht willkommen geheißen. Angesichts der katastrophalen Wirtschaftslage Deutschlands, die jahrelang von 1945 bis 1950 mindestens andauerte, war der Traum einer Selbstverwirklichung aus jeder denkbaren Vorstellung und Perspektive unmöglich. Mit ihrer Heirat mit Franz, in Verbindung mit ihrem tief verwurzelten katholischen Glauben, hat sie sich entschieden, für die Familie und ihr Heim da zu sein. Da sie weder zu dieser Zeit eine richtige Ausbildung genoss, noch finanzielle Möglichkeiten hatte, wurden stets Träume auf Selbstverwirklichung verdrängt.

Sie selbst hat nie darüber gesprochen, aber ich bin aufgrund ihres Verhaltens fest davon überzeugt, dass sie angesichts der sozialen Aufstiege ihrer Kinder eine gewisse Genugtuung als Ausgleich für den Verlust der Selbstverwirklichung empfand.

15. HÄRTE GEGEN SICH UND DIE FAMILIE

Betrachtet man die Kindheit und vor allem das Heranwachsen im Kriegsgeschehen und während der Flucht, war der Überlebenskampf von Gertrud sicherlich mit einer ausgesprochenen Selbstdisziplin verbunden. Diese Selbstdisziplin war angesichts der dramatischen Entwicklungen der Jahre 1944 bis Anfang der 1950er Jahre mit Zumutungen, die sie sich selbst auferlegt hat, verbunden. Ich bin fest davon überzeugt, dass diese Zumutungen über das Niveau der sonstigen Zumutungen hinausgingen, sodass diese ohne Härte gegen sich selbst kaum auszuhalten waren. Die Härte gegen sich selbst zeichnete sich unter anderem dadurch aus, dass sie nicht bei jedem Wehwehchen und nicht bei jeder Krankheit direkt zum Arzt lief, selbst mit offenen Beinen und auch unter Schmerzen weiterarbeitete, um die tagtägliche Pflichten zu tun - sei es gegenüber den Kindern oder ihrem Mann. Diese Tatsachen zeigen doch auf eine gewisse Härte, sowohl physisch als auch psychisch, von Gertrud gegen sich selbst hin. Das ständige Verdrängen des Heimwehs, wohlwissend dass man nie wieder nach Hause zurückkehren könnte, zeigt ebenfalls, dass die Härte gegenüber sich selbst ein hohes Maß annahm.

Härte gegen ihren Mann war insoweit vorhanden, als dass sie von ihm ständig das entsprechende Pflichtbewusstsein forderte. Franz war schwächer als sie, deswegen hat sie ständig die Härte von ihm verlangt, die sie gegen sich selbst aufbrachte. Arbeit und die Bewirtschaftung des Landes waren

Franz durch Gertrud indirekt aufoktroyiert worden. Sie hat stets sanften Druck auf ihn ausgeübt, ohne dass die Kinder dies direkt bemerkt haben. Dies ist meine persönliche Wahrnehmung.

Härte gegenüber den Kindern war insoweit vorhanden, als dass sie keine Jungs geboren hat. Insoweit wurden die Kinder erstmal stets zu Leistungen angetrieben und selbstverständlich war das Haushaltsbenehmen der Kinder nie gut genug. Ich glaube nicht, dass Gertrud ihren Kindern dies abverlangt hat, um sie zu ärgern. Die Tatsache, dass sie ihre Kinder nie offen gelobt hat, ist kein Indiz dafür, dass sie nicht auf ihre Kinder stolz war. Ihre Mutterrolle kann gut durch den Satz: „Meine Art zu lieben ist ganz einfach schweigen" beschrieben werden. Als Außenstehender der Familie nahm ich schon wahr, wie stolz sie insbesondere auf die akademischen Abschlüsse und die Tätigkeit meiner Frau war. Ihr Stolz auf ihre Enkelkinder war unbeschreiblich und sie war gegenüber all ihren Enkelkindern sehr weich geworden. Insbesondere die Tochter ihrer ältesten Tochter war für sie möglicherweise die Erfüllung ihrer Träume.

16. TOLERANZ UND EINFÜHLEN LIEß SIE BEI SICH ERST IM ALTER ZU

Sichtbare Zeichen von Toleranz und ausgezeichneter Güte habe ich persönlich bei ihr nach dem Tod ihres Mannes gespürt. Sie war sehr offen geworden und man konnte mit ihr selbst über andere Völker reden. Sie war gegenüber anderen Religionen auch offen geworden, insoweit als dass sie eine gewisse Toleranz auch gegenüber Abtrünnigen hatte. Selbst gegen die „Polen" war sie offener geworden, obwohl sie beim Besuch ihres Geburtshauses sehr angespannt war. Ihr Mitgefühl habe ich richtig gesehen, als wir in Lourdes bei der Wallfahrt waren. Sie hatte richtig Tränen in den Augen, als sie das Leid mancher Leute dort gesehen hat. Sie hat zwar versucht dies zu verbergen, aber man merkte es sogar an ihrer Stimme.

Auch gegenüber den Kindern wurde sie relativ weich und irgendwann dann selbst gegenüber den Schwiegersöhnen. Wir wurden nicht mehr als Eindringlinge in der Familie angesehen und sie hat ständig versucht, uns bei jedem Besuch zu verköstigen, als ob wir nur noch einmal kämen. Sie hat sich stets nach dem Wohlbefinden der Kinder und ihren Männern sowie deren Kindern erkundigt und war immer bemüht, den Enkelkindern sehr viel Liebe zukommen zu lassen.

Gertrud war stets sehr stolz auf ihren Ursprung. Ab und zu mal hat sie ihren Mann spüren lassen, dass sie immerhin die Tochter von reichen Bauern und eine „höhere" soziale Stellung als ihr Mann hatte. Sie war stolz, Tochter einer relativ großen Familie zu sein, deren Kinder irgendwie einen sozialen Aufstieg im Westen erreicht haben, trotz Verlust der Heimat und Hab und Gut. Ich glaube, dass Franz stets unter dieser Problematik gelitten hat. Mit ihrem Stolz verbunden war auch Ehrgeiz, den ich nachfolgenden erläutern werde.

18. STOLZ UND EHRGEIZ

Sie war stolz auf ihre Ursprungsfamilie und ihren Status und hatte den Ehrgeiz dies für ihren Mann und für ihre Kinder herzustellen

Stolz und Ehrgeiz könnten von Gertrud so ausgedrückt werden: Ich komme aus einer gut situierten Familie, die Land besaß, mein Vater war immerhin Bürgermeister. Mag sein, dass ich durch Krieg und Vertreibung viel verloren habe, meinen Stolz habe ich aber weder den Polen noch den Russen überlassen. Da ich aus dieser wohlhabenden „sozialen Ebene" komme, will ich auch im Westen wieder nach oben, insoweit muss mein Mann eine gewisse Karriere anstreben. Dies hat Franz jedoch irgendwie abgelehnt, denn für Franz war der Aufenthalt im Westen stets nicht auf Dauer angelegt.

Als ihre älteste Tochter bei der Deutschen Bank anfing, war dies für die damalige Zeit eine Aufwertung der sozialen Ebene. Als ihre nächstgeborene Tochter ein Studium in Köln begann (und zwar nicht als Lehrerin sondern im Fach Volkswirtschaftslehre), war wiederum ein weiterer Aufstieg für Gertrud sichtbar. Als ihre dritte Tochter auch in Köln an der Fachhochschule studierte und sich zur Übersetzerin ausbilden ließ, war dies für Gertrud ein weiterer Aufstieg der Familie in der sozialen Rangordnung. Lediglich die Jüngste hatte zunächst in ihren Augen nicht direkt für einen Aufstieg der Familie gesorgt. Sie war in ihren Augen das Sorgenkind, die auch Zeit ihres Lebens das Sorgenkind blieb.

Gertruds Stolz wurde gesteigert als die erste Enkelin Chemie studierte und promovierte. Der weitere Aufstieg in ihren Augen geschah, als das zweite und dritte Enkelkind studierten und ihren Abschluss machten. Weiterhin war der Bau von Häusern in ihrer Nähe, den ihre älteste Tochter und die dritte Tochter unternahmen, in ihren Augen ein Faktor für den Aufstieg der Familie, sowie die Tatsache dass auch meine Frau und ich ein Haus gebaut haben. Sie hat zu keinem Zeitpunkt gegenüber Dritten damit angegeben, aber man sah in ihren Augen wenn sie darüber sprach, wie stolz sie darauf war. Auch gegenüber den eigenen Kindern hat sie nie zum Ausdruck gebracht, dass sie stolz auf sie war. Aber ich habe sie erwischt, wie sie gegenüber Dritten den Karriereaufstieg ihrer Kinder lobte.

19. UMFELD UND GESELLIGKEIT, KLEINE FREUDEN

Während der 40 Jahre, die ich Gertrud gekannt habe waren mehrere Hochzeiten und Feste, sei es von ihren eigenen Kindern, seien es kleine Feiern bei ihr, sei es Geburtstagsfeiern der Kinder und Enkel. Während dieser Feiern war Gertrud glaube ich sehr glücklich. Sie hat das nicht nach außen getragen, jedoch wegen ihres Verhaltens während dieser Zusammenkünfte glaube ich, dass sie sehr erfüllt von Glück war.

20. SCHICKSALSSCHLÄGE, KRANKHEIT UND ENDE

Die Schicksalsschläge, die ich bei dieser Familie erlebt habe, fangen damit an, dass der Bruder von Franz, Hans, an einem Herzinfarkt starb. Obwohl Gertrud mit ihrer Schwägerin (Ehefrau von Hans) tödlich verfeindet war, sind wir inklusive der Kinder zu dem Begräbnis von Hans gefahren und Gertrud hat sich während der Feier sehr menschlich verhalten.

Ein weiteres Problem, welches ich erlebt habe, war, als ihr Bruder, der nach Amerika ausgewandert ist, und seine Frau uns besuchten. Obwohl Gertrud die Schwägerin eher ablehnte, hat sie die beiden sehr freundlich und wohlwollend empfangen und beherbergt. Während der Diskussionen mit ihrem Bruder merkte ich, wie sehr Gertrud an ihm hing. Ich musste aber leider feststellen, dass sie nur mit Mühe und Not ihre negative Haltung gegenüber seiner Frau verbergen konnte - aber sie verbarg sie trotzdem weiterhin.

Ein weiterer Schicksalsschlag war, als die Ehefrau des Stiefbruders von Franz diesen plötzlich für einen anderen Mann verließ, obwohl dieser Stiefbruder Professor für Elektrotechnik an der Fachhochschule Erlangen war. Er selbst war an Epilepsie erkrankt und bedurfte hin und wieder mal ernsthafter Betreuung. Die Ehefrau verließ ihn plötzlich und ohne Ankündigung und auch seine Kinder haben sich von ihm abgewandt. Damals erlebte ich, wie Gertrud richtig böse geworden ist.

Ein weiterer Schicksalsschlag ereilte die Familie als Franz, mein Schwiegervater, an unheilbarem Nierenkrebs erkrankte. Am Anfang wollte Gertrud die Diagnose nicht wahrhaben und da meine Frau und ich es zuerst erfuhren, wurde uns selbstverständlich nicht von der Familie geglaubt und der Lüge bezichtigt. Selbst ihre Vertrauensperson, die ältere Schwester meiner Frau, wollte dies zuerst nicht glauben. Meine Frau und ich waren in einer misslichen Lage, denn Franz hat uns per Eid dazu verpflichtet, der Familie nichts zu erzählen. Er wollte unbedingt nicht mit seiner Frau darüber reden und ihr schon gar nicht reinen Wein einschenken. Erst dann, als wir der Familie offenbarten, wie schlimm die Krankheit schon fortgeschritten war, hat Franz sich entschlossen, nur grob mit ihr zu reden und ihr insbesondere die Verpflichtung aufgezwungen, das Haus nicht zu verkaufen, komme was wolle. Während dieser Zeit war Gertrud zwar am Anfang niedergeschlagen und ängstlich angesichts der Zukunft. Sie hat sich aber wieder gefangen und Trost in ihrer Religion gefunden. Insbesondere in den letzten Tagen vor dem Tod von Franz war Gertrud außerordentlich tapfer. Bei der Beerdigung von Franz haben meine Frau und ich dafür Sorge getragen, dass im Grab von Franz Erde von zu Hause (Schlesien) hinzugefügt wurde. Dies hat Gertrud uns sehr hoch angerechnet. Die Verpflichtung, ein Haus inklusive des 700 Quadratmeter großen Gartens, der mit Gemüse bepflanzt war und Hühner beherbergte, zu betreuen, war für Gertrud ein schweres Los. Sie hat versucht das zu erreichen, indem sie direkt und indirekt die Schwiegersöhne aufgefordert hat, aktiver zu sein.

Ein weiterer Schicksalsschlag ereilte Gertrud als ihre Schwägerin in den Vereinigten Staaten starb und das Problem der Beerdigung in Deutschland noch nicht gelöst war.

Ein Schicksalsschlag ereilte jedoch Gertrud und ihren Mann mit dem Umzug des Bundestags nach Berlin, da ihr Nesthäkchen und Sorgenkind beschlossen hatte, mit nach Berlin auszusiedeln. Das hat trotz gegenteiligen Meinungen von Teilen der Familie Gertrud getroffen. Dabei war der kränkliche Zustand der jüngsten Tochter auch immer ein Problem für sie. Dass die älteste Tochter ganz in ihrer Nähe wohnte hat in ihr aber glaube ich ungeahnte Kräfte mobilisiert.

Ein weiterer Schicksalsschlag ereilte sie, als ihr ältester und ihr jüngster Schwager starben. Zudem ist auch zu erwähnen, dass ihre älteste Schwester starb und danach die sogenannte „geistig aktivste" Schwester an Demenz erkrankte. Sie wurde zum Schluss in ein Heim überwiesen. Danach starb ihre dritte Schwester, im Alter von 92 Jahren, jedoch ohne vorher unter geistigen Einschränkungen gelitten zu haben. Auch dieser Tod hat sie sehr stark mitgenommen. Danach fing bei ihr langsam eine Demenzerkrankung an.

Zuerst blieb diese unbemerkt und wurde erst nach und nach in verschiedenen Stufen schlimmer und führte zu besorgniserregenden Ereignissen. So musste die gesamte Familie ihren gesamten Mut zusammennehmen um ihr beizubringen, dass sie in ein Heim gehen müsste, denn inzwischen war die Rund-um-die Uhr-Betreuung zu Hause durch polnische Mitarbeiter weder finanziell noch psychisch möglich. Ich muss ehrlich sagen: Ich war gegen die Einweisung in ein Heim, musste mich aber dem Druck der Familie beugen. Ich war aus Prinzip dagegen, da bei uns zu Hause in Frankreich so etwas strikt verpönt war. Gertrud hat sich gegen diese Einweisung bis zum Schluss gewehrt, da sie lieber zu Hause sterben wollte. Durch den immensen Druck der Töchter und mit Überredung und einer gewissen List wurde sie in ein Heim umgesiedelt. Ich bin der festen Überzeugung, dass aus Frust über ihre Töchter die ihr sowas angetan hatten ein weiterer Krankheitsschub folgte. Nun war sie im Heim und wurde mehrmals wöchentlich von ihren drei Töchtern im Wechsel besucht.

Am Anfang des Aufenthalts, der immerhin sechs Jahre gedauert hat, hat sie noch gesprochen und teilweise wahrgenommen, was um sie herum passierte. Vor vier Jahren hat sie plötzlich den aktiven Sprachgebrauch verloren. Bei dieser Krankheit sind die Ärzte und die Wissenschaft nicht imstande zu sagen, wo derjenige sich geistig befindet. Den größten Teil des Tages saß sie entweder im Bett oder im Rollstuhl. Manchmal öffnete sie ihre Augen und hielt die Hände der Besucher fest. Und trotzdem hat sie während dieser gesamten Zeit nie ihre Würde verloren. Am 22.12.2016 erhielten wir gegen zwei Uhr von ihrer ältesten Tochter die Nachricht, dass sie friedlich eingeschlafen wäre. Kein Kind war anwesend, ihre älteste Tochter traf eine halbe Stunde nach ihrem Tod ein und wir eine Stunde später.

21. EPILOG

Manche Schwiegersöhne beschweren sich über ihre Schwiegermütter. Ich gehöre nicht dazu.

Ich habe eine mutige Frau kennengelernt, die ein außerordentlich bewegtes Leben durchlebt hat, insbesondere Krieg, Bombenhagel, Flucht, Vertreibung und einen Neuanfang mit allen dazugehörigen Schwierigkeiten. Sie hat mit Sicherheit mit ihrem Franz nicht immer ein einfaches Leben gehabt. Sie hat stets ihre Träume, Bedürfnisse und selbst ihren Gesundheitszustand zurückgestellt, zum Wohl ihrer Familie. Sie hat sogar einen Fremden in ihre Familie aufgenommen und dies nicht einmal 28 Jahre nach dem Krieg. Sie konnte weder Hitler noch die Nationalsozialisten ertragen, denn sie verstand sich als Mitglied der Zentrumspartei. Stolz war sie auf ihre Herkunft und dass sie eine reiche Bäuerin war. Sie war stolz, eine Oberschlesierin zu sein, die trotz Vertreibung und Krieg an ihrer Identität nicht eine Sekunde Zweifel ließ. Sie hat zwar im Rheinland gelebt, war aber stets mit dem Herzen zu Hause in Oberschlesien. Sie hat nicht gejammert und ihr Schicksal manchmal, meiner Meinung nach, zu leise erduldet. Die Verpflichtung die ihr Mann ihr hinterließ, das Haus nicht zu verkaufen, war von Anfang an zum Scheitern verurteilt und trotzdem hat sie mit all ihren Kräften versucht, dies einzuhalten.

Sie hat ihre Menschlichkeit trotz dem schweren Schicksal nicht verloren. Sie war für mich der Fels in der Brandung.

LITERATURVERZEICHNIS

- Grandel, Hanna: Schlesien. Rezepte, Geschichten und historische Fotos (2013), Bassermann Verlag, München (ISBN 978-3-8094-3135-0)
- Luthardt, Ernst Otto: Sagen aus Schlesien (2006), Flechsig Verlag, Würzburg (ISBN 978-3-88189-624-5)
- o.A.: Antek und Franzek (2016), Laumann-Verlag Dülmen, Dülmen (ISBN 978-3-89960-421-4)
- Saul, Harald: Unvergessliche Küche Schlesien. Traditionelle Familienrezepte und ihre Geschichten (2013), Bassermann Verlag, München (ISBN 978-3-8094-2338-6)
- Wiatr, Marcin: Literarischer Reiseführer. Oberschlesien (2016), PB Verlag, Potsdam (ISBN 978-3-936168-71-6)

Onlinequellen:

- Sprichwörter: www.mattern-online.info/schlesien2/html/sprichworter.html
- Witze: www.mattern-online.info/schlesien2/html/schlesische_witze.html
- https://de.wikipedia.org/wiki/Oberschlesien